Les études anthroponymiques en Wallonie

Bibliographie rétrospective

PAR

Jean Germain

2019

Publié avec les crédits des services de la
Politique scientifique fédérale

Gepubliceerd met kredieten van het
Federaal Wetenschapsbeleid

ISBN 978-90-429-4103-8
D/2019/0602/94

Les études anthroponymiques en Wallonie Bibliographie rétrospective

Introduction

En 2011 a paru une bibliographie rétrospective des études toponymiques en Wallonie, 35 ans après la *Bibliographie toponymique des communes de Wallonie jusqu'en 1975*, que Régine Toussaint et moi-même avions établie en collaboration. Ce nouvel instrument de travail est venu à son heure, non seulement pour les onomasticiens eux-mêmes mais aussi pour les spécialistes et les amateurs d'histoire locale qui s'intéressent à cette discipline. La bibliographie permet en effet d'accéder rapidement à la multitude de glossaires toponymiques, monographies spécialisées, thèses de doctorat, mémoires de licence, articles et même travaux restés inédits, consacrés à la toponymie en Wallonie, documentation riche et abondante, mais souvent difficile d'accès.

Le problème se posait de la même façon pour sa « petite sœur » en onomastique, l'anthroponymie, qui ne commence à émerger vraiment comme discipline scientifique à part entière qu'en 1937-1938. À la même époque, vers 1973, Régine Toussaint et moi avions décidé de mettre en commun nos fichiers résultant de nos recherches bibliographiques de jeunes chercheurs et du dépouillement, assez systématique, de la chronique bibliographique *La philologie wallonne en* ... menée principalement par Jean Haust d'abord, Élisée Legros et Jules Herbillon ensuite. Ma collègue est décédée prématurément et le fichier embryonnaire est resté dans les cartons ; j'ai eu parfois la volonté de le publier mais je n'ai jamais mené l'entreprise à son terme. Bien sûr, j'ai maintes fois eu recours à ce précieux fichier, notamment lors de la mise au point et l'achèvement du

Dictionnaire des noms de famille en Belgique romane de Jules Herbillon, ainsi que dans le cadre de l'entreprise du dictionnaire PatRom dont j'assume la responsabilité éditoriale avec mes collègues. Je l'ai bien sûr régulièrement complété, assez systématiquement mais pas toujours.

Depuis lors, loin de se démentir, l'intérêt pour l'anthroponymie locale s'est largement maintenu. Durant ces trois dernières décennies, nombre de monographies anthroponymiques ont paru, que ce soit dans des publications scientifiques ou dans des mémoires de fin d'études ou, plus modestement, dans les revues régionales ou les monographies d'histoire locale. Des bibliographies annuelles telles celle de *Hannonia* pour le Hainaut m'ont aidé de façon déterminante.

Pour moi, qui ai modestement mais activement participé à cette quête anthroponymique, c'est l'occasion d'en dresser le bilan. Cette bibliographie rétrospective pourra utilement aider les jeunes chercheurs que l'aventure tentera, mais je me suis rendu compte moi-même que cela m'a permis de me remémorer des études qui m'avaient échappé, de découvrir des travaux que j'avais ignorés dans mes propres articles. Le hasard a voulu que, au moment où je bouclais cette bibliographie d'anthroponymie wallonne, paraissait à Paris une œuvre parallèle – et donc complémentaire – due à nos collègues de la Société française d'onomastique Pierre-Henri Billy et Sébastien Nadiras, *Les noms de lieux et de personnes en France. Guide bibliographique*, Paris, Éditions du CTHS, 2019 (Orientations et méthodes, 33), 776 p.

Le problème majeur d'une bibliographie reste en fait celui des limites que l'on se fixe. Faut-il tout signaler dès qu'il est question de noms de personnes ou doit-on se contenter des travaux majeurs, réalisés dans les contraintes de la discipline ? J'ai retenu comme critère ce que j'ai appelé la « volonté anthroponymique », tout en étant bien conscient que ce critère reste vague. On m'accordera donc une certaine subjectivité dans le choix et une assez bienveillante tolérance. Ainsi, j'ai cru bon d'être très accueillant avec les articles contenant des listes de sobriquets modernes ou des blasons populaires, même si une analyse plus poussée fait défaut ; un jour, nous l'espérons, ils serviront de base à des travaux plus complets et plus exhaustifs. Par contre, je n'ai pas jugé bon de répertorier les dictionnaires biographiques ni les très nombreuses études généalogiques, sauf si elles présentaient des indications directement utiles pour la recherche anthroponymique. Sauf exception, j'ai exclu également les listes nominatives de noms anciens, dont on trouvera un inventaire assez systématique dans la bibliographie du *Dictionnaire des noms de famille en Wallonie et à Bruxelles*, p. 61-67.

Cette bibliographie n'est sans doute ni complète ni parfaite en tous points, loin de là. De nombreuses références marginales ou confidentielles ont nécessairement échappé aux mailles du filet. Aussi fait-on appel à tous ceux qui pourraient signaler des corrections et des compléments à y apporter (y compris des manuscrits ou de simples fichiers).

Dernier problème à résoudre : comment et où se procurer ces diverses publications ou revues, dont certaines sont presque confidentielles ? Comme pour la toponymie, c'est principalement à la Section du dépôt légal de la Bibliothèque royale Albert Ier, à la Bibliothèque du Crédit communal de Belgique (intégrée désormais dans celle de l'Académie royale) et dans les différents dépôts d'archives – provinciaux ou régionaux – des Archives générales du Royaume, que l'on a le plus de chances de trouver les monographies d'histoire locale. La Bibliothèque patrimoniale de l'Université catholique de Louvain que j'ai eu l'honneur de diriger durant près de trente ans est relativement bien fournie aussi dans ce domaine, de même que les autres bibliothèques universitaires qui disposent d'un fonds régional (Liège, Namur, Mons). Pour les thèses et mémoires de licence, c'est presque nécessairement dans les institutions universitaires respectives (ULiège, UCLouvain et ULB) qu'il faut s'adresser ; la consultation en est parfois restreinte et contrôlée.

Présentation de la bibliographie

Cette bibliographie se compose de plusieurs chapitres, organisés de façon un peu chronologique.

Après le premier chapitre consacré à l'anthroponymie en général, avec un relevé des principaux ouvrages, articles de référence (méthodologie) et de consultation (archives, cartes), on aborde successivement les noms dans l'histoire, la forme des noms de famille modernes, les répertoires et dictionnaires de noms de famille, puis les prénoms modernes et les sobriquets modernes. On continue avec les dénominations collectives, à savoir les gentilés (dérivés neutres des noms de communes) et les blasons populaires (généralement moqueurs ou ironiques), avant de terminer avec les dénominations en marge de l'anthroponymie, l'hagionymie populaire, la zoonymie (noms d'animaux), etc.

Cette grille de classement se veut pragmatique et commode, à défaut d'être systématique et rigoureuse. Elle repose en partie sur la structure du cours d'anthroponymie dispensé à l'UCL par notre confrère Jean-Marie Pierret. Détailler davantage aurait conduit à plus de difficultés dans le classement.

Au sein de chaque section, par défaut, les notices sont classées par ordre alphabétique des noms d'auteurs. Pour quelques sections en particulier, on a opté pour un séquençage chronologique ou pour un ordre alphabétique basé soit sur les noms de communes faisant l'objet de l'étude, soit sur les noms de famille traités, les surnoms ou les blasons. Le classement particulier retenu est précisé au début de la rubrique.

Après certaines notices bibliographiques, sous la rubrique « C.r. », on trouve les références des comptes rendus importants (mais non les simples notices signalétiques), surtout ceux publiés par Jean Haust, Jules Herbillon et Élisée Legros dans la chronique *La philologie wallonne en…* publiée jusqu'en 1965 dans le BTD et les DBR. On insiste sur l'utilité de ces comptes rendus, souvent déterminants pour évaluer la pertinence de l'ouvrage recensé et pour la correction des erreurs manifestes. À ce propos, on rappelle qu'il est fondamental de consulter non seulement cette chronique *La philologie wallonne en …* (rubrique Anthroponymie), mais également les tables des tomes I-XXV du BTD par André Goosse (1956) et celles des tomes XXVI-L par Louis Chalon (2003), qui donnent accès à de très nombreux anthroponymes.

Entre crochets peuvent également apparaître des compléments d'information, où l'on précise le nombre de pages réservées aux noms de personnes ou tout ce qui peut définir le contenu de façon plus détaillée. On ne signale qu'exceptionnellement des manuscrits ou des répertoires sur fiches.

Contrairement à la bibliographie de toponymie, on s'intéresse aux localités francisées de l'agglomération bruxelloise et de la région d'Arlon et même, sans être exhaustif, aux communes de langue allemande. Certaines références à des études flamandes majeures sont signalées si elles concernent également le domaine wallon, ne fût-ce qu'à travers les comptes rendus qui en sont faits.

Trois index complètent le volume. L'index des noms d'auteurs des études anthroponymiques (non des comptes rendus), l'index des noms de communes ou de régions faisant l'objet d'études et l'index des noms de personne et anthroponymes de tous types cités dans les titres.

Principales revues citées avec les abréviations utilisées

ACAA = *Annales du Cercle royal d'histoire et d'archéologie d'Ath et de la région et Musées athois*. Au début : *Annales du Cercle archéologique d'Ath et de la région*. Ath, 1912 sv.

ACAE = *Annales du Cercle archéologique d'Enghien*. Enghien, 1880 sv.

ACAM = *Annales du Cercle archéologique de Mons*. Mons, 1858 sv.

ACAS = *Annales du Cercle archéologique du canton de Soignies*. Depuis 1996 : *Annales du Cercle royal d'histoire et d'archéologie du canton de Soignies*. Soignies, 1894 sv.

ACHEB = *Annales du Cercle d'histoire Enghien-Brabant*. Tubize, 1999-2003.

ACHSBA = *Annales du Cercle hutois des Sciences et Beaux-Arts*. Huy, 1875 sv.

ACStGh = *Annales du Cercle d'histoire et d'archéologie de Saint-Ghislain et de la région*. Saint-Ghislain, 1972 sv.

AHL = *Annuaire d'Histoire liégeoise*. Au début : *Annuaire de la Commission communale de l'Histoire de l'ancien Pays de Liège*. Liège, 1929 sv.

AIAL = *Annales de l'Institut archéologique du Luxembourg*. Arlon, 1847 sv.

Annales du Cercle archéologique et folklorique de La Louvière et du Centre. À partir du t. 6, 1968: *Études régionales*. La Louvière, 1962-1973.

L'Antiquaire. Revue historique de l'Entre-Sambre-et-Meuse. Yves-Gomezée, 1960-1968/69.

APRS = *Au Pays des Rièzes et des Sarts*. Cul-des-Sarts, 1960 sv.

Ardenne et Famenne. Marche-en-Famenne, 1958-1972.

Ardenne wallonne (Cercle d'histoire régionale de la Pointe de Givet et terres limitrophes). Givet, 1974 sv.

ASAFNi = *Annales de la Société (royale) d'archéologie, d'histoire et de folklore de Nivelles et du Brabant wallon*. Nivelles, 1879 sv.

ASAN = *Annales de la Société archéologique de Namur*. Namur, 1849 sv.

AVCh = *Annuaire. Le Vieux Châtelet*. Châtelet, 1960/61 sv.

BARBL = *Bulletin de l'Académie royale de Belgique. Classe des Lettres*.

BCAA = *Bulletin(s) du Cercle royal d'histoire et d'archéologie d'Ath et de la région et Musées athois*. Au début : *Feuilles d'informations*. Ath, 1967 sv.

BCAE = *Cercle archéologique d'Enghien. Bulletin trimestriel*.

Èl Bourdon = *Èl Bourdon d' Châlèrwè èt co d'ayeûrs*. Charleroi, 1948 sv.

BDW = *Bulletin du Dictionnaire wallon*. Au début : *Bulletin du Dictionnaire général de la langue wallonne*. Liège, SLW, 1906-1970.

BIAL = *Bulletin trimestriel de l'Institut archéologique du Luxembourg*. Arlon, 1925 sv.

BIALg = *Bulletin de l'Institut archéologique liégeois*. Liège, 1852 sv.

Le Borain. Bulletin d'information périodique du Cercle royal borain de Bruxelles.

BSLW = *Bulletin de la Société (de Langue et) de Littérature wallonne(s)*. Au début : *Bulletin de la Société liégeoise de Littérature wallonne*. Liège, 185-1975.

BSPACh = *Bulletin de la Société royale paléontologique et archéologique de l'arrondissement judiciaire de Charleroi*. Marcinelle, 1929-1959.

BSVAH = *Bulletin de la Société verviétoise d'archéologie et d'histoire*. Verviers, 1898 sv.

BTD = *Bulletin de la Commission royale de Toponymie et de Dialectologie*. Bruxelles, 1927 sv.

Bulletin généalogique hainuyer. Publication de l'Association généalogique du Hainaut belge. Marcinelle, 1990 sv.

BVLg = *Bulletin de la Société royale « Le Vieux Liège »*. Liège, 1932 sv.

Les Carnets de Nochet. La revue de Sainte-Marie et de Fratin. Sainte-Marie.

Cella. Périodique du Cercle d'histoire et d'archéologie de Pont-à-Celles et environs. Pont-à-Celles, 1976 sv.

Cercle historique de Marche-en-Famenne. Marche-en-Famenne.

Chron. VLg = *Chronique de la Société royale « Le Vieux Liège »*. Liège, 1936-1995.

CISO / ICOS = Congrès international des sciences onomastiques.

CTD = Commission royale de Toponymie et de Dialectologie.

CW = *Les Cahiers wallons*. Namur, 1937 sv.

DBR = *Les Dialectes belgo-romans*. Bruxelles, 1937-1969.

DMA = *De la Meuse à l'Ardenne*. Saint-Hubert, 1985 sv.

DW = *Les dialectes de Wallonie*. Liège, 1972 sv.

EFTh = *En Fagne et Thiérache* (Cercle d'histoire régionale - Presgaux). Presgaux, 1967 sv.

EMVW = *Enquêtes du Musée de la Vie wallonne*. 1924 sv.

Entre Senne et Soignes. Ittre, 1969-2001.

FB = *Le Folklore brabançon*. Bruxelles, 1921-1994.

FM = *Le Français moderne*. Paris, 1933 sv.

FStMy = *Folklore Stavelot-Malmedy-Saint-Vith*. Malmedy, 1922-1994. Devenu : *Malmedy Folklore*.

GSHA = *Glain et Salm. Haute-Ardenne*. Vielsalm, 1974 sv.

GW = *Le Guetteur wallon* (Société royale Sambre et Meuse) ; devenu *Cahiers de Sambre et Meuse*. Namur, 1924 sv.

HASp = *Histoire et archéologie spadoises*. Spa, 1975 sv.

ICOS/CISO = International Congress of Onomastic Sciences.

IdG = *L'Intermédiaire des Généalogistes*. Bruxelles, 1945 sv.

Journal de Resves. Revue du Cercle de recherche historique et archéologique Rodava. Rèves, 1984 sv.

Le Lothier roman : revue d'histoire. Genappe, 1994 sv.

MA = *El Mouchon d'Aunia*. La Louvière, 1912-2005.

Mém. CTD = *Mémoires de la Commission royale de Toponymie et de Dialectologie (Section wallonne)*. Bruxelles, Liège, 1936 sv.

La mémoire de Chastre. Bulletin trimestriel du Centre historique d'étude et de recherche de Chastre. Chastre.

MPSSALH = *Mémoires et Publications de la Société des Sciences, des Arts et des Lettres du Hainaut*. Mons, 1839 sv.

Naamkunde. Leuven, 1969 sv. – Jusqu'en 1968 : *Mededelingen* van *de Vereeniging voor Naamkunde te Leuven*.

NRO = *Nouvelle revue d'onomastique*. Paris, 1983 sv.

Le Parchemin. Bruxelles, 1936 sv.
PG = *Le Pays Gaumais* (Musée Gaumais). Virton, 1940 sv.
PSR = *Le Pays de Saint Remacle*. Malmedy, 1962-1983/84.
RbPhH = *Revue belge de Philologie et d'Histoire*. Bruxelles, 1922 sv.
Rif tout dju. Nivelles, 1956 sv.
RIO = *Revue internationale d'onomastique*. Paris, 1949-1977.
RIOn = *Rivista italiana di onomastica*. Roma, 1995 sv.
Saint-Hubert d'Ardenne : cahiers d'histoire. Saint-Hubert, 1977 sv.
SAMBinche = *Société d'archéologie et des Amis du Musée de Binche. Bulletin d'information mensuel*. Binche, 1976 sv.
Segnia. Bulletin du Cercle d'histoire et d'archéologie « Segnia ». Houffalize, 1974 sv.
Terre de Durbuy. Durbuy, 1982 sv.
Le Trèfle. Publication trimestrielle du Cercle d'histoire « Pierre Wins » de Merbes-le-Château. Merbes-le-Château, 1992 sv.
TW = *La Terre wallonne*. Charleroi, 1919/20-1940.
Le Val vert. Art, histoire, folklore, tourisme. Ecaussinnes, 1972 sv.
VR = *Vox Romanica*. Zürich, Berne, 1936 sv.
VW = *La Vie wallonne*. Liège, 1920-1999.
Lu Vî Sprâwe (Club wallon de Malmedy). Malmedy, 1950 sv.
Wavriensia (Cercle historique et archéologique de Wavre et de la région) ; devenu *Racines* puis *Wavriensia-Racines*. Wavre, 1952 sv.

1. Généralités

1.1. *Aperçus généraux*

1.1.1. *Dans le monde et en Europe*

Albert Dauzat. *Traité d'anthroponymie française. Les noms de famille de France*. Paris, Payot, 1945, 454 p.
C.r. : É. Legros, BTD 20 (1946), p. 319-321.

Eugène Vroonen. *Les noms de personnes dans le monde. Anthroponymie universelle comparée*. Bruxelles, Librairie encyclopédique, 1967, 495 p. [À utiliser avec prudence].

Eugène Vroonen. *Encyclopédie des noms de personnes. Étude par groupes linguistiques*. Paris, Éd. universitaires, 1973, 744 p. (Encyclopédie universitaire) [À utiliser avec prudence].

Louis Henry (sous la direction de). *Noms et prénoms. Aperçu historique sur la dénomination des personnes en divers pays*. Liège, UIESP, 1974, 129 p.

Pascal CHAREILLE, Pierre DARLU, Gerrit BLOOTHOOFT, Leendert BROUWER, Kathrin DRÄGER, Jean GERMAIN et al.. *European Surname Typology Project*, dans *Names and their environment, XXV International Congress of Onomastic Sciences (ICOS 2014*, Glasgow). – Résumé du projet par Jean GERMAIN. *Répartition et typologie des noms de famille* [contemporains en Europe occidentale]. BTD 86 (2014), p. 22.

1.1.2. *En Belgique*

Étienne HÉLIN. *La dénomination des personnes dans quelques régions de la Belgique francophone,* dans *Noms et prénoms. Aperçu historique sur la dénomination des personnes en divers pays*, publié sous la direction de Louis HENRY, Liège, UIESP, 1974, p. 21-32.

Jean GERMAIN et Jean-Marie PIERRET. *Le français. Anthroponymie. b) Belgique*, dans *Lexikon der Romanistischen Linguistik (LRL)*, Tübingen, Niemeyer, 1990, Bd V/l, p. 538-543.

Jean GERMAIN et Jean-Marie PIERRET. *Onomastique*, dans *Le français en Belgique: une langue, une communauté,* Louvain-la-Neuve, Duculot, 1997, p. 207-211 et 216-222.

Jean-Marie PIERRET. *Les noms de personne en Wallonie.* Notes pour le cours ROM 2480 : *Onomastique wallonne et gallo-romane.* 1re partie : *Anthroponymie.* Louvain-la-Neuve, UCL, 2001, pag. multiple.

1.2. *Objectifs et méthodes*

Maurice WILMOTTE. *Les noms que nous portons furent d'abord des surnoms.* Les Nouvelles littéraires (Paris), n° du 13 mars 1937, p. 2.

Émile DANTINNE. *De l'utilité de l'étude des noms de personnes, de lieux et de leur rapport avec le folklore.* 21e Congrès de linguistique, littérature, art et folklore wallons, Liège, 1939, p. 79-87.

Omer JODOGNE. *Les enquêtes anthroponymiques.* Rapport présenté au 21e Congrès de linguistique, littérature, art et folklore wallons, Liège, 1939, p. 30-32.

Omer JODOGNE. *Buts et méthodes de l'anthroponymie,* dans *Feestbundel Van de Wijer,* Louvain, 1944, t. I, p. 137-153.
C.r. : É. Legros, BTD 19 (1945), p. 178.

Omer JODOGNE. *Anthroponymie et recensements.* Actes et mémoires du 5e Congrès international de Toponymie et d'Anthroponymie (Salamanca, 1955), 1958, t. 1, p. 115-121. – Repris dans *Répertoire belge des noms de famille*, I, 1956.

Omer JODOGNE. *Une science nouvelle : l'anthroponymie*. Bulletin de l'Association des Amis de l'Université de Louvain, 1958, n° 3, p. 65-76.

Madeleine GRAITSON. *Le nom propre*. Mémoire de licence ULg, 1968.

1.3. *Sources et ressources*

Maurice A. ARNOULD. *La toponymie et l'anthroponymie en Hainaut. Sources et ressources actuelles*. BTD 19 (1945), p. 113-138.

Jacques NAZET. *La toponymie et l'anthroponymie en Hainaut occidental*. BTD 67 (1995), p. 29-45.

Cécile DOUXCHAMPS-LEFÈVRE. *Les Enquêtes judiciaires, source pour la généalogie et l'anthroponymie*, dans *Gedenkboek Michiel Mispelon*, Kortemark, Handzame, 1982, p. 185-193.

Bernard ROOBAERT. *Les archives de la famille d'Arenberg : une source majeure pour la toponymie et l'anthroponymie en Belgique*. BTD 86 (2014), p. 185-203.

* * * * *

Maurits GYSSELING. *Les plus anciens textes français non littéraires en Belgique et dans le nord de la France*. Scriptorium 3 (1949), n° 2, p. 190-210 [Important pour l'anthroponymie].

Maurits GYSSELING. *Les plus anciennes généalogies de gens du peuple dans les Pays-Bas méridionaux* [entre autres à Liège dans la 2e moitié du 12e s.]. BTD 21 (1947), p. 211-215.
C.r. : É. Legros, BTD 22 (1948), p. 445-6.

* * * * *

Christophe DRUGY et Guy MAGDONELLE. *Guide du généalogiste en Belgique et dans les anciens Pays-Bas (Flandre, Artois, Hainaut, Luxembourg)*. Paris, Éd. Christian, 2000, 201 p.

Maurice LANG. *Nos anciens registres paroissiaux* [à Malmedy]. FStMy 11 (1947), p. 51-122 [exemples typiques de flottement dans les NF malmédiens aux XVIIe et XVIIIe siècles].

> Pour les principales sources anciennes de noms et de surnoms au Moyen Âge et sous l'Ancien Régime (rôles de taille, dénombrements, cartulaires, etc.), voir J. GERMAIN et J. HERBILLON, *Dictionnaire des noms de famille en Wallonie et à Bruxelles*, Éd. Racine, 2007, p. 100-110 (Bibliographie de sources historiques de noms).

1.4. *Bibliographies* [ordre chronologique]

Omer JODOGNE. *État présent des études anthroponymiques en Belgique romane.* Actes et mémoires du 1er Congrès international de Toponymie et d'Anthroponymie (Paris, 1938), Paris, 1939, p. 136-141.
C.r. : J. Haust, BTD 13 (1939), p. 244-5.

Omer JODOGNE. *Les travaux anthroponymiques en Belgique depuis 1938.* Onomastica 1 (1947), p. 68-71.

Andrée DUFEY. *Les études anthroponymiques en Belgique romane.* Mémoire de licence ULg, 1959-60, 173 p.

Jean GERMAIN et Jean-Marie PIERRET. *Introduction bibliographique à la dialectologie wallonne*, dans *Dialectologie en Wallonie*, éd. par Willy BAL, Louvain-la-Neuve, Cabay, 1981 (CILL 7.3-4), p. 92-94 (Anthroponymie)

Jean GERMAIN. *Desiderata de la recherche anthroponymique en Belgique romane*, dans *Dictionnaire historique des noms de famille romans. Actes du Ier colloque (Trèves, 10-13 déc. 1987)*, éd. par D. KREMER, Tübingen, Niemeyer, 1990, p. 21-25.

Jean GERMAIN. *La recherche onomastique en Wallonie*, dans *Namenforschang = Names studies = Les noms propres,* Berlin, New York, W. de Gruyter, 1995, Bd 1, p. 152-157.

Jean GERMAIN. *Vingt-cinq ans de dialectologie et d'onomastique wallonnes (1976-2000) : bibliographie complémentaire.* Tongres, Michiels, 2002 (CTD. Tiré à part, 9).
C.r. : J.-M. Pierret, Wallonnes, 2003/2, p. 22-24.

Jean GERMAIN. *Du compte rendu au dictionnaire : un anthroponymiste qui fait toujours autorité*, dans *Jules Herbillon (1896-1987) ou la quête inlassable de l'origine des mots wallons*, Liège, SLLW (Mémoire wallonne, n° 9), 2005, p. 41-56.

Jean GERMAIN. *Jules Herbillon*, dans *Nouvelle biographie nationale*, Bruxelles, t. 8, 2015, p. 193-195.

Jean GERMAIN. *Auguste Vincent*, dans *Nouvelle biographie nationale*, Bruxelles, t. 8, 2015, p. 383-385.

1.5. *Principales revues d'onomastique personnelle*

BTD = *Bulletin de la Commission royale de toponymie et dialectologie.* Bruxelles, 1927 s.
[Très riche pour ses articles et sa bibliographie critique ; les tables des t. 1-25, par A. GOOSSE (1956), et 26-50 par L. CHALON et J. GERMAIN (2003), sont des outils de travail indispensables.]

* * * * *

Principales revues internationales d'onomastique en relation avec la discipline en Wallonie :
Onoma. Louvain, Uppsala, 1953 sv. [Revue publiée par le CISO/ICOS ou Comité international des sciences onomastiques.]
NRO = *Nouvelle revue d'onomastique*. Paris, 1983 sv.
RIO = *Revue internationale d'onomastique*. Paris, 1949-1976 [A succédé à *Onomastica*, 1947-48].
RIOn = *Rivista itialiana di onomastica*. Rome, 1995 sv.

2. Évolution du système anthroponymique dans le domaine belgo-roman

2.1. *Le système anthroponymique gallo-romain*

M. DONDIN-PAYRE et M.-Th. RAEPSAET-CHARLIER (éd.). *Noms, identités culturelles et romanisation sous le Haut-Empire*. Bruxelles, Le Livre Timperman, 2001.

Maurits GYSSELING. *Introduction à l'anthroponymie, en particulier de la Flandre française* [édité par Jozef VAN LOON et Bernard ROOBAERT]. BTD 90 (2018), p. 57-93.

Jean LOICQ et Jacques-Henri MICHEL. *Esquisse d'une histoire linguistique de la Belgique dans l'Antiquité*. BTD 68 (1996), p. 229-380 [onomastique antique : p. 283-285 ; ethnonymes : p. 284].

Jean LOICQ. *Le nom des Germains dans l'Antiquité*. BTD 77 (2005), p. 71-214. Tiré-à-part de la Section wallonne : CTD, 144 p. – *Le nom des Germains. Précisions et compléments*. BTD 78 (2006), p. 387-396.

2.2. *Le système du nom unique a l'époque germanique et dans le haut Moyen Âge*

Paul ÆBISCHER. *L'anthroponymie wallonne d'après quelques anciens cartulaires*. BDW 13 (1924), p. 73-168.

Paul ÆBISCHER. *À travers l'anthroponymie du haut moyen âge*. Atti et memorie. VII Congresso ICOS (Firenze-Pisa, 1961), t. 3, 1963, p. 5-26. C.r.: J. Herbillon, BTD 36 (1962), p. 261-2.

Jules FELLER. *Étude sur les noms de personne contenus dans les noms de lieu*. BTD 2 (1928), p. 177-209 ; 3 (1929), p. 55-84.

Jan LINDEMANS. *Bijdrage tot de geschiedenis en de beteekenis van de vlaamche persoonsnamen*. 1re reeks. Turnhout, J. Van Mierlo-Proost, 1944, 230 p.

C.r. : É. Legros, BTD 19 (1945), p. 178-9.

Michel Van den Broeck. *L'étude des noms de personnes germaniques du VIIe au XIe siècle dans les aires picarde et wallonne peut-elle nous renseigner sur l'histoire des peuplements ?* Mémoire de licence, Université de Gand, 1941.

2.3. *Du surnom au nom de famille. Le système moderne*

Jules Feller. *Les origines et la signification des noms propres de personnes, spécialement en pays wallon*, dans *Notes de philologie wallonne*, Liège, Paris, 1912, p. 115-130.

Jules Feller. *Notes d'anthroponymie. Causerie sur l'origine et le sens de quelques noms de famille remarquables.* BTD 4 (1930), p. 245-262.

Jules Herbillon, *Dérivés ancien-wallons en* -ellu *de noms de profession.* DBR 7 (1948-49), p. 159-169; 15 (1958), p. 171-178.
C.r.: É. Legros, BTD 25 (1951), p. 230.

H. Parret. *Étude onomastique des noms propres et des personnages contenus dans les œuvres dramatiques religieuses des origines à la fin du XIVe siècle.* Mémoire de licence, UCL, 1962-63.

Léo Verriest. *Notes d'anthroponymie historique générale, introductives à la généalogie d'une notable famille d'origine picarde (Revillon d'Apreval).* IdG n° 105 (1963), p. 117-121 ; Bruxelles, chez l'auteur, 1963, 6 p.

2.3.1. *Province de Liège*

Stéphanie Audrit. *Problématique de l'identification des noms propres dans un corpus de chartes originales en langue française originaires du chapitre de la cathédrale Saint-Lambert (1236-1271) et du couvent de Robermont (1247-1271).* Mémoire de licence ULg, 2003, 193 p.

Albin Body. *Étude sur les noms de famille du pays de Liège : origine, étymologie, classification.* BSLW 17 (1879), p. 1-206 + annexe p. 207-227. – Existe en tirage à part : Liège, Vaillant-Carmanne, 1880, 227 p.

Marie-Madeleine Boileau. *Les noms de personnes à Liège d'après les registres scabinaux des années 1409, 1410, 1411.* Mémoire de licence ULg, 1940-41.

Paul Cormeau. *Anthroponymie de la région verviétoise d'après les registres du greffe scabinal (1400-1550).* Mémoire de licence ULg, 1966-67, 333 p.

Ivan Delatte. *L'histoire des familles dans la province de Liège depuis le XVe siècle* [avec indications utiles pour l'anthroponymie]. BVLg 3 (1947), p. 237-243.

Gabrielle De Saint-Hubert. *Anthroponymie du ban de Theux d'après les registres scabinaux des années 1493-1512*. Mémoire de licence ULg, 1941.

Charles Gaspar. *Les lieux-dits de la commune de Fosse*, Liège, Michiels, 1955, p. 123-141 (Les noms de personne à Fosse).

Phina Gavray-Baty. *Le vocabulaire toponymique du ban de Fronville*, Liège, Paris, Droz, 1944, p. 97-122 (Les noms de personne dans le ban de Fronville).

Jacques Georgin. *L'anthroponymie dans les cartulaires de Stavelot-Malmedy au XIVe siècle*. Mémoire de licence, ULB, 1957-58.

Maurits Gysseling. *Zur Romanisierung germanischer Personennamen im Wallonien im Frühmittelalter* [examen des NP dans la charte privée rédigée à Huy en 866], dans *Festschrift zum 75. Geburtstag von Adolf Bach*, Heidelberg, 1965, p. 49-54.
C.r.: É. Legros, BTD 42 (1968), p. 312-3.

Philippe Hac. *Anthroponymie de la commune de Retinne (1415-1796). Étude étymologique et statistique*. Mémoire de licence ULg, 1974-75, 339 p.

Astrid Haegens. *Étude des noms de personnes contenus dans les Records de coutumes du pays de Stavelot*. Mémoire de licence UCL, 1964, 264 p.

M. Kohnemann. *Eupener Familiennamen im 16. Jahrhundert*. Geschichtliches Eupen 13 (1979), p. 90-112.

Claire-Chantal Ligot. *Les prénoms des nobles et des chevaliers à Liège et en Hesbaye au Moyen Âge*. Mémoire de licence en histoire, UCL, 1968.

Raymond Mathu. *Les anciens surnoms de Visé du XVIe au XVIIe siècle*. Notices visétoises, n° 21 (mars 1987), p. 101-116.

Anne Monville. *Étude des noms de famille de la bourgeoisie liégeoise du XIVe au XVIIIe siècle*. Mémoire de licence UCL, 1988, 134 p.

Jean Mornard. *Quelques aspects de la vie quotidienne à Retinne au temps jadis. Noms de Retinne aux 15e et 16e siècles ; surnoms* [16e-18e s.]. Bulletin trimestriel du Cercle historique de Fléron, sept. 1982, p. 45-49.

Marcelle Noirfalise. *Étude toponymique et anthroponymique sur l'ancien ban de Chênée* [Chênée, Beyne-Heusay, Romsée et Vaux-sous-Chèvremont]. Mémoire de licence ULg, 1943, IX-183 p.

M. C. OFFERMANS. *Les noms de personne dans les régions de la Meuse moyenne du VIIe au XIIe siècle*. Mémoire de licence ULg, 1958-59.

Michèle QUINTART. *Anthroponymie de l'ancienne seigneurie de Sprimont*. Mémoire de licence ULg, 1969.

Louis REMACLE. *Le parler de La Gleize,* Liège, Vaillant-Carmanne, 1937, p. 191-267 (Noms de personnes).
C.r. : J. Haust, BTD 12 (1938), p. 410.

A. RENARD. *Les noms de personne dans la Principauté de Stavelot-Malmedy à la fin du 14e et au début du 15e s. d'après un registre de la Cour féodale de Stavelot (1393-1408)*. Manuscrit, 1958 (mentionné par L. Remacle, BTD 58, p. 247).

Edgard RENARD. *Miettes d'anthroponymie liégeoise* [1. Autour du type « Boulboul » – 2. Au village : sobriquets notés dans l'usage oral – 3. « Lamaille, Lamaye » : NF, ancien surnom]. BTD 25 (1951), p. 129-136.
C.r.: É. Legros, BTD 26 (1952), p. 402.

Edgard RENARD. *Notes d'anthroponymie liégeoise* [1. Cas de dérivation et d'aphérèse – 2. Surnoms et sobriquets anciens – 3. Noms repérés à travers le Bottin – 4. Rapports possibles entre les enseignes et les NF]. BTD 26 (1952), p. 229-283.
C.r. : É. Legros et J. Herbillon, BTD 27 (1953), p. 131-4; A. Carnoy, *Het Nederlands in de franstalige studien over naamkunde*, BTD 27 (1953), p. 181-195.

Edgard RENARD. *Sobriquets de Chevron* [au XVIIe siècle] [résumé d'une communication]. BTD 34 (1960), p. 16-17.

Edgard RENARD et Louis REMACLE. *Sobriquets de Lorcé au milieu du XVIIe siècle*. ACHSBA 29 (1975), p. 205-216.

André VAN DE BOURRY. *Étude onomastique sur la ville de Liège*. Mémoire de licence, Université de Gand, 1934-35.

2.3.2. *Province de Luxembourg*

J. DE RÉMONT. *La population de Florenville sous l'ancien régime d'après les registres paroissiaux et les dénombrements*. PG 16 (1955), p. 11-42.
C.r.: É. Legros, BTD 30 (1956), p. 340.

Louis LOMRY. *Les noms de personnes dans la prévôté de Virton ... en 1472*. PG 3 (1942), p. 54-64.
C.r. : J. Haust, BTD 17 (1943), p. 222-3.

Paul MATHIEU. *Anthroponymie d'Èthe-Belmont. Étude étymologique et statistique des noms, prénoms et surnoms, de 1472 à 1808*. Mémoire de licence ULg, 1986.

Paul MATHIEU. *Les anthroponymes germaniques en Gaume et sous l'Ancien Régime. L'exemple d'Èthe [Vi 33]*. BTD 61 (1988), p. 53-66.

Françoise PEIFFER. *Étude anthroponymique: Saint-Hubert 1736-1755*. Mémoire de licence UCL, 1991, 108 p. + annexes.

2.3.3. *Province de Namur*

Arthur BALLE (avec Jules HERBILLON). *Les noms de personnes à Cerfontaine*. DBR 8 (1950-51), p. 27-46 [noms de famille], 90-121 [prénoms] ; 10 (1953), p. 108-120 [sobriquets]. – *Les noms de personne à Cerfontaine (Noms, prénoms, surnoms)*. Cerfontaine, Musée de Cerfontaine, 1976, 77 p.
C.r.: É. Legros, BTD 26 (1952), p. 402; 28 (1954), p. 330.

Olivier CLUENTIUS. *Étude anthroponymique sur le «Rôle des bourgeois de Dinant» (années 1593-1622)*. Mémoire de licence UCL, 1994, 117 p.

Albert DOPPAGNE. *Les noms de personnes de Louette-Saint-Pierre (D 119)*. Bruxelles, M. Didier (Coll. Langues vivantes, 41), 1953, 90 p. [Noms de famille ; prénoms ; sobriquets ; gentilés]. – Tiré à part de la *Revue des langues vivantes* 18 (1952), p. 313-316, 377-392 ; 19 (1953), p. 3-13, 97-114, 187-200, 257-280.

Jean GERMAIN. *Du surnom au nom de famille. La fixation formelle des noms de famille en domaine d'oïl à partir de l'exemple de Namur (Wallonie)*. Actas do XX Congreso internacional de Ciencias onomásticas (Santiago de Compostela, 20-25 setembro 1999), A Coruña, Fundación Pedro Barrié de la Maza, 2002, p. 1409-1414.

Léon LECOCQ. *Anthroponymie namuroise*. Thèse de doctorat UCL, 1924-25.

Rita LIEKENS. *Étude anthroponymique sur les cartulaires de Bouvignes, Dinant et Namur (1080-1399)*. Mémoire de licence KUL, 1969, 115 p.

Michèle SOUMOY. *Les métiers dans les campagnes namuroises d'après l'anthroponymie (fin XIIIe siècle)*. Mémoire de licence en histoire, UCL, 1973-74, XVIII-163 p.

Françoise TAVIER. *Étude anthroponymique de la commune de Hour [D 85]*. Mémoire de licence UCL, 1982, 99 p.

J. THIRY. *Anthroponymie malonnaise*. Travail inédit, 1951.

Michèle VAN DAMME-MAIRESSE. *Répertoire des bourgeois de Namur 1516-1699*. Bruxelles, AGR, 1982, 302 p. (Archives de l'État à Namur).

Michèle VAN DAMME-MAIRESSE et Guy DELVIGNE *Répertoire des bourgeois de Namur 1700-1796*. Bruxelles, AGR, 1986, 307 p. (Archives de l'État à Namur).

2.3.4. *Province de Hainaut*

Maurice A. ARNOULD. *Ath et Avesnes en 1594* [aperçu complet de l'anthroponymie locale au XVIe s.]. ACAA 27 (1941), p. 89-101.

Maurice A. ARNOULD. *Les plus anciens rôles d'impôt de la ville de Mons (Hainaut), 1281-1299*, dans *Mélanges ... Karl Michaëlsson*, Göteborg, 1952, p. 11-30.
C.r.: J. Herbillon, BTD 27 (1953), p. 145.

Maurice A. ARNOULD. *Les noms de personne en Hainaut au XVIe siècle*. NRO 5-6 (1985), p. 43-65.

Guy BOUCCIN. *Onomastique buzetoise : l'obituaire de la paroisse de Buzet en 1571*. Cella, n° 109 (2007), p. 14-17.

J. COUDIJZER. *Contribution à l'étude onomastique de la ville et des environs de Mons (de 800 à 1300)*. Mémoire de licence, UCL, 1936-37.

Yannick COUTIEZ. *La terre et les hommes à Blaugies à travers le terrier de 1741*. ACStGh 3 (1982), p. 121-219 [Sobriquets en 1741 : p. 215-218].

Christine DARQUENNE. *L'anthroponymie montoise à la fin du XIIIe siècle, d'après des rôles de taille de 1281, 12283, 1296 et 1299*. Mémoire de licence ULB, 1965-66.

L. DEBRAKELEER. *Quelques noms de personnes à Marcinelle et Couillet en 1360 et en 1367* [environ 690 NP]. BSPACh 24 (1955), p. 1-2.

M. DE COCK. *Étude sur les noms de personnes dans le rôle de la Taille de Mons en 1365*. Mémoire de licence, Université de Gand, 1952.

Walter DE KEYZER. *Note sur quelques surnoms toponymiques montois à la fin du XIIIe siècle*, dans *Gedenkboek Michiel Mispelon*, Kortemark, Handzame, 1982, p. 149-163.

Léonce DELTENRE. *L'obituaire du chapitre de s. Théodard à Thuin en 1759* [Intéressant pour les NF de la région]. Thuin, Huaux, 1937, 21 p.

Pierre DEMEULDRE (abbé). *Anthroponymie ladeuzoise*. Annales du Cercle royal d'histoire et d'archéologie de Baudour, 4 (1939), 40 p. – Id. 5 (1940), p. 215-255.
C.r. : J. Haust, BTD 14 (1940), p. 375.

F. DE MEULENAERE. *Une liste de rentes* [à Comines] *dues au prieuré de Nieppe (1361) : analyse anthroponymique et toponymique.* Mémoires de la Société d'histoire de Comines-Warneton et de la région, 30 (2000), p. 27-36.

Émile DONY. *Sobriquets anciens et modernes du Hainaut.* BTD 16 (1942), p. 241-265.
C.r. : L. Remacle, BTD 17 (1943), p. 223.

Edmond ÉVRARD. *Sobriquets d'Ath du temps passé.* BCAA n° 163 (janv. 1995), p. 1-6.

Jean FAUCONNIER. *À propos d'un compte de mambournie. Les noms de personnes [et les professions] à Bouffioulx à la fin du XIVe siècle.* AVCh 19 (1979), p. 103-136 ; 20 (1980), p. 33-67.

Antoine GOSSELIN et Jean ROLLAND. *Stambruges... Un peu du passé.* Chièvres, 1939, 214 p. [p. 73-86 : chapitre sur les anciens surnoms devenus NF et sur les sobriquets modernes].
C.r. : J. Haust, BTD 14 (1940), p. 371-2.

Catherine HANTON. *Origine des noms.* Almanach du Parc Naturel des Hauts Pays pour l'année 2002, Honnelles, 2001.

Paul HEUPGEN. *Le rôle de la Taille de Mons de 1365.* ACAM 55 (1938), p. 41-95 [Très précieux pour l'anthroponymie montoise].

Éliane HUART. *Les sobriquets de Wasmes* [aux XVIIe et XVIIIe siècles]. [Wasmes], chez l'auteur, 2004, 169 p.

Léon JOUS. *Bourgeois de Lessines* [aux XVIe et XVIIe siècles]. Annales du Cercle d'histoire de l'entité lessinoise 7 (2005), p. 191-224.

Emmanuel LAURENT. *L'état civil de Wasmes (Borinage) de 1703 à 1796.* ACAS 19 (1959-60), p. 82-89. – Bruxelles, 1960, 11 p. (Feuillets d'histoire locale, n°2). – Repris dans *Wasmes au fil du temps,* Saint-Ghislain, 1981, p. 215-223.

Emmanuel LAURENT. *Les sobriquets de Wasmes depuis 1363* [riche collection de quelque 500 sobriquets des 18e-20e s.]. Bruxelles, chez l'auteur, [1961], 18 p. (Feuillets d'histoire locale, n° 3). – Repris dans *Wasmes au fil du temps,* Saint-Ghislain, 1981, p. 197-213.
C.r.: Jules Herbillon, BTD 36 (1962), p. 260-1.

Emmanuel LAURENT. *Les émigrés wasmois de 1685.* Bruxelles, 1962, 16 p. (Feuillets d'histoire locale, n° 6).

Emmanuel LAURENT. *L'origine des noms de famille du Hainaut.* Bruxelles, 1964, 21 p. (Feuillets d'histoire locale).

Cyrille MASURE et Jean ROLLAND. *Neufmaisons. Histoire d'une commune rurale.* Chièvres, 1936, 230 p. [Contient une liste copieuse d'hommes et de familles de la localité].

C.r. : J. Haust, BTD 11 (1937), p. 186-7.

Nestor MORA. *Origines de quelques patronymes, de quelques matronymes, de quelques surnoms et de quelques sobriquets à la Durenne et les environs* [Saint-Sauveur]. Annales du Cercle hist. et archéol. de Renaix et du Tènement d'Inde 14 (1965), p. 77-80.

Alex. PASTURE. *Contribution à l'onomastique de la région tournaisienne à la fin du XIII*e *siècle*, dans *Miscellanea Tornacensia*, Bruxelles, Labor, 1951, p. 216-225 = Fédération archéol. et hist. de Belgique. Annales du 33e congrès (Tournai, 1949), Rapport, t. 2, 1951, p. 216-225.

C.r.: É. Legros, BTD 27 (1953), p. 147.

Yve ROMAIN. *Noms de familles et de lieux ou les variantes en écritures administratives avant le XIX*e *siècle*. Le Trèfle, n° 72 (2010), p. 17-23.

Bernard ROOBAERT. *Quelques noms de famille de la région d'Enghien*. BTD 84 (2012), p. 241-250.

Pierre RUELLE. *Un testament tournaisien de 1316*. MPSSALH 72 (1958), p. 56-73 [étude onomastique: p. 57-66].

C.r.: J. Herbillon, NTD 33 (1959), p. 280-1.

Herman VAN DEN ABEELE. *Les noms de personne à Tournai et dans le Tournaisis au Moyen Âge (du IX*e *au XIII*e *s.)*. Mémoire de licence, Université de Gand, 1934-35.

Léo VERRIEST. *En lisant un « polyptique ». Ath au XIII*e *siècle*. ACAA 27 (1941), p. 1-54 [Données relatives à l'anthroponymie, p. 40-45].

2.3.5. *Province de Brabant wallon et Bruxelles*

Marie-Claire COPPENS. *Les anthroponymes dans les chirographes nivellois de 1290 à 1350*. Mémoire de licence, ULB, 1956-57.

Geneviève DOCQUIERT. *Édition et étude anthroponymique d'un registre de Nivelles de la fin du XIV*e *siècle*. Mémoire de licence UCL, 1996, 82 p.

René GOFFIN. *Généalogies nivelloises*. ASAFNi 15 (1951), 16 (1955), 18 (1959) et 19 (1962). [Très intéressant pour l'anthroponymie nivelloise].

C.r.: J. Herbillon, BTD 36 (1962), p. 259-260.

Albert HENRY. *Anthroponymes nivellois du XIII*e *siècle*. DBR 6 (1947), p. 145-158.

C.r. : É. Legros, BTD 23 (1949), p. 184.

Jan LINDEMANS. *Brabantse persoonsnamen in de XIII*e *en XIV*e *eeuw*. Brussel, 1947, 55 p. (Anthroponymica, 1).

F. Stroobants. *Bijdrage tot de studie van de persoonsnamen te Overijse, Rosières, Hoeilaart en La Hulpe in de 15de eeuw.* Mémoire de licence en philologie germanique KUL, 1968.

2.4. *Les hypocoristiques*

Jean Haust. *Anthroponymes wallons en* –oie [-ôye]. BTD 13 (1939), p. 182-187.
C.r. : L. Remacle, BTD 14 (1940), p. 374.

Jules Herbillon, *Prénoms archaïques.* BVLg 3 (1946-1950), p. 123-124, 148-149, 163-165, 187-188, 201-203, 233-236, 249-253, 321-324, 385-389, 407-409, 462-463.
I. *Article liminaire* : p. 123-124.
II. *Bibliographie* : p. 148-149.
III. Djélète : p. 163-165.
IV-V. *Dérivés en* -eçon : p. 187-188 et 201-203.
VI-VII. *Dérivés en* -oûle : p. 233-236 et 249-253.
VIII. *Dérivés en* -otte : p. 321-324.
IX. *Dérivés en* -ôye : p. 385-389.
X. *Dérivés en* -âne : p. 407-409.
XI. *Dérivés en* -ette : p. 462-463.

Jules Herbillon. *Le suffixe* -onde *en wallon oriental* [dans les anthroponymes et les noms communs]. RIO 13 (1961), p. 175-184.

Jules Herbillon. *Hypocoristiques masculins à suffixe féminin au Pays de Liège*, dans *Mélanges de philologie romane offerts à M. Karl Michaëlsson*, Göteborg, 1952, p. 256-263.
C.r.: É. Legros, BTD 27 (1953), p. 145.

Lucien Roger. *Des patronymes français en* –son. Actes et mémoires du 1er Congrès international de Toponymie et d'Anthroponymie (Paris, 1938), 1939, p. 124-127.

Auguste Vincent. *Les noms de famille belges provenant de Jacob.* Académie royale de Belgique. Bulletin de la Classe des Lettres 40 (1954), p. 426-449 [plus de 300 noms de famille modernes].
C.r.: J. Herbillon, BTD 29 (1955), p. 155-6.

2.5. *Noms anciens particuliers*
[par ordre alphabétique des noms étudiés]

Jules Herbillon. « Cambray », *sobriquet liégeois du XVIIe siècle.* Nos patois du Nord n° 13 (1965), p. 1-2.

Jules Herbillon. Colin-Maillard, *spécialement dans l'anthroponymie ancienne.* DBR 17 (1960), p. 140-142.

Jules HERBILLON. Doudou, *nom, surnom et nom de famille.* DW 14 (1986), p. 127-128.

Maurice PIRON. *Le nom de Gilles li Muisis*, dans *Hommage au Professeur Maurice Delbouille*, numéro spécial de *Marche romane*, 1973, p. 633-4 = p. 75-78.

Jules HERBILLON. *Pour le millénaire de la Principauté : le nom de* Notger. VW 54 (1980), p. 434-436.

Jules HERBILLON. *Les avatars du nom de* Påcolet. BVLg 4, n° 104-105 (1954), p. 321-325.
C.r.: É. Legros, BTD 29 (1955), p. 156.

Jules HERBILLON. *À la recherche de l'étymologie de* Paweilhar [un « Jean Le papillar » à Jupille en 1660]. VW 28 (1954), p. 271-272.

Albert HENRY. *Reniers le Skime. Intérêt linguistique des anthroponymes* [à Nivelles]. VR 11 (1950), p. 162-169 [Développement de l'article, DBR 6 (1947), p. 158].

Jules HERBILLON. Stalofreal, Scalofreal, *monnaie liégeoise et anthroponyme.* DBR 24 (1967), p. 72-77.

Jacques SUSSENAIRE. Sylvius *ou le patronyme latinisé de François Dubois, célèbre théologien né à Braine-le-Comte en, 1581, décédé à Douai en 1649* [considérations générales sur l'anthroponymie de l'époque]. ACAS 29 (1977-79), p. 65-88.

Paul HEUPGEN. *Tartarin dans nos murs* [famille Tartarin à Mons]. No Catiau (Bruxelles), 43 (1964), n° 4, p. 32.

> Un certain nombre de documents anciens sont intéressants à consulter parce qu'ils fournissent des noms de personne à l'époque de la formation des surnoms. Par exemple : les cartulaires, les dénombrements, les *rôles,* les *terriers,* les registres d'*admission à la bourgeoisie* (Namur, Liège, Mons, etc. [voir BTD, 60, 1987, p. 23 sv.]), les œuvres des historiens du Moyen Âge (par ex. : Jacques de Hemricourt [133-1403], Jean d'Outremeuse [1338-1400], Jean de Stavelot [† 1419], etc.), dont les éditions possèdent une table des noms propres.

3. Les noms de famille à l'époque moderne

3.1. *Répertoire des noms de famille*

Omer JODOGNE. *Répertoire belge des noms de famille.* I : *Arrondissement de Nivelles et communes wallonnes des arrondissements de Louvain et Bruxelles.* Louvain, Nauwelaerts, 1956, XXXII-267 p.

C.r. : É. Legros, BTD 31 (1957), p. 220-2; A. Vincent, BARBL 42 (1956), p. 612-5.

Omer Jodogne. *Répertoire belge des noms de famille.* II : *Arrondissement de Liège.* Bruxelles, CTD, 1964, XXX-694 p.

C.r. : J. Herbillon, BTD 40 (1966), p. 98-99; É. Legros, VW 41 (1967), p. 60-62; J. Herbillon, RbPhH 46 (1968), p. 1030-1.

* * * * *

Répertoire alphabétique complet des noms de famille belges avec indices de fréquence par province (situation au 31/12/1987). Réalisé à partir des données fournies par le Registre national des personnes physiques. Louvain-la-Neuve, 1989. [Inventaire exhaustif des noms de famille portés par les personnes ayant la nationalité belge (187.710 noms) donnant la répartition des noms par province.] Site Internet : http://patrom.fltr.ucl.ac.be/contemporain/

À mentionner aussi le site de notre collègue Ann Marynissen donnant la répartition de tous les NF belges par commune mise à jour en 1998 et 2008 : http://www.familienaam.be/

3.2. *La forme des noms de famille*

Albert Carnoy. *Le dialecte liégeois dans l'anthroponymie belge.* Orbis 1 (1952), p. 146-156.

C.r.: É. Legros et J. Herbillon, BTD 27 (1953), p. 135-145.

Albert Carnoy. *Vêtement et anthroponymie* [résumé]. BTD 28 (1954), p. 13.

Albert Carnoy. *Metronymen in België* [matronymes flamands et wallons], dans *Album Jan Lindemans*, Bruxelles, 1951, p. 175-182.

C.r.: É. Legros, BTD 26 (1952), p. 403.

Frans Debrabandere. *Epenthesis in de familienamen.* BTD 85 (2013), p. 89-100.

A. de Grenade. *Les noms patronymiques sous l'Ancien Régime.* IdG 1947, n° 8, p. 109-110.

Jacques-Henry de la Croix. *Formation et origine des noms patronymiques. Considérations sur l'anthroponymie* [résumé d'une causerie]. BAV 4 (1967-68), p. 140-143.

André Goosse. *La particule nobiliaire en français*, dans *Mélanges de grammaire française offerts à Maurice Grevisse*, Gembloux, Duculot, 1966, p. 143-178.

Henri HANCHARD. *Noms d'animaux devenus chez nous noms de famille.* GW 56 (1980), n° 2, p. 21-27 ; 58 (1982), n° 2, p. 58-60 [Peu d'intérêt].

Catherine HANTON. *L'anthroponymie en lien avec Villers et les abbayes.* Villers, n°27 (3e trimestre 2003), p.23-37.

Catherine HANTON. *Survivance de métiers disparus dans les noms de famille de Mons et du Borinage.* Annales du Cercle d'histoire et d'archéologie de Saint-Ghislain et de la région, 10 (2005), p. 325-346.

Jules HERBILLON. America *et autres noms de famille formés de* A + *ablatif.* VW 48 (1974), p. 224-225.

Jean-Marie PIERRET. *Les fêtes du calendrier dans l'anthroponymie.* Tradition wallonne 23 (2006) = *Mélanges en l'honneur de Samuel Glotz, Léon Marquet et Roger Pinon*, p. 277-291.

Auguste VINCENT. *Les noms de lieux dans les noms de familles de Belgique.* BTD 20 (1946), p. 211-234.
C.r. : É. Legros, BTD 21 (1947), p. 183-4.

Auguste VINCENT. *L'emploi du possessif dans les noms de familles...* [résumé d'une communication]. BTD 28 (1954), p. 14-15.

Auguste VINCENT. *L'emploi de* dit *dans les noms de personnes.* BTD 32 (1958), p. 195-216.
C.r. : J. Herbillon et É. Legros, BTD 33 (1959), p. 278-9.

3.3. *Les noms d'enfants trouvés*

André BERG. *Le drame des enfants abandonnés.* S.l., s.n., 1962.

X. CARTON DE WIART. *Abandons et expositions de nouveaux-nés au XVIIIe siècle* [à Waulsort, Lustin, Florennes et Wierde]. Namurcum 21 (1946), p. 35-43.

Thomas DELFORGE (dom). *Enfant trouvé au temps jadis* [en 1711 à Florennes ; appelée Anne-Marie aux Neiges]. GW 46 (1970), n° 4, p. 134-5.

Louis DEMOULIN. *Les enfants abandonnés sous l'Ancien Régime*, dans *Naître autrefois. Rites et folklore de la naissance en Ardenne et Luxembourg*, Bastogne, Musée en Piconrue, 1993, p. 205-208.

André DESTRAY. *Noms d'enfants trouvés à Namur et dans l'Entre-Sambre-et-Meuse (XVIe-XVIIIe s.).* L'Antiquaire 7 (1966), n° 3, p. 57-65.

N. DOCQUIER. *Les enfants trouvés et abandonnés à l'hospice Saint-Gilles de Namur sous les régimes français et hollandais (1794-1830).* Mémoire de licence en histoire, UCL, 1964-65.

Édouard Ducpetiaux. *Des modifications à introduire dans la législation relative aux enfants trouvés en Belgique*. Bruxelles, 1834.

Ernest Fréson. *Anthroponymie et enfants trouvés* [à Villers-l'Évêque au 18e s.]. BVLg 2 (1937), n° 42, p. 186.

Jean Germain. *Les noms donnés aux enfants trouvés en Wallonie à la charnière des 18e et 19e siècles*. Dans *Onomàstica Romànica. Antroponímia dels expòsits …*, València, Ed. Denes, 2017, p. 441-461.

Alain Graux. *Les naissances illégitimes à Binche sous l'ancien régime*. SAMBinche, n° 8, avril 2010, p. 5-9.

Alain Graux. *Les abandons d'enfants à Binche* [17e-18e siècles]. SAMBinche, n° 8, avril 2010, p. 10-12.

Pierre Guérin. *Le sort d'enfants abandonnés à Ayeneux au 18e siècle*. Cercle Historique de Fléron, janv.-mars 1980, p. 79-81.

Pierre Gusbin. Usage à Namur au XIXe s. au Tour de l'hospice Saint-Gilles (notes)

Nicole Haesenne-Peremans. *Le sort des enfants trouvés et abandonnés dans la région liégeoise au début du XIXe siècle*. BIALg 90 (1978), p. 7-53 [Patronymes des enfants trouvés à Liège de 1811 à 1830, p. 50-53].

Nicole Haesenne-Peremans. *L'assistance publique d'Ancien Régime dans la partie méridionale des Pays-Bas*, dans Actes du 11e Colloque international «L'initiative publique des communes en Belgique. Fondements historiques (Ancien Régime)» (Spa, 1-4 sept. 1982), Bruxelles, Crédit Communal de Belgique, 1984 (Coll. Histoire, série in-8°, n° 65), p. 541-556.

Nicole Haesenne-Peremans, Jean-Paul Bougard et Katlijne Willekens. *Le pouvoir communal face au problème des enfants trouvés et abandonnés*, dans Actes du 12e Colloque international «L'initiative publique des communes en Belgique : 1795-1940» (Spa, 4-7 sept. 1984), Bruxelles, Crédit Communal de Belgique, 1986 (Coll. Histoire, série in-8°, n° 71), p. 405-413.

Étienne Hélin. *Le sort des enfants trouvés au XVIIIe siècle* [règles de dénomination]. BVLg 4 (1953), n° 100, p. 203-206.
C.r.: É. Legros, BTD 29 (1955), p. 157.

Paul Heupgen. *L'Hospice des enfants trouvés et abandonnés de Mons*. MPSSALH, vol. 65 (1919), p. 115-169.

Hugues Labar. *Musica ou J'espère : l'étonnante nomenclature des enfants trouvés*. Le Lothier roman, 2000, n°4, p. 24-32.

J. Lothe. *Paupérisme et bienfaisance à Namur au XIXe siècle 1815-1914*, Bruxelles, Crédit communal de Belgique (Coll. Histoire, série in-8°, 51), 1978, p. 211-226.

A. MERGEIN. *À propos des noms d'enfants trouvés à Namur.* Pays de Namur n° 99 (1985), p. 11-14.

Jean-Marie QUARESME. *Les enfants trouvés à Namur au XIXe s. au Tour de l'hospice Saint-Gilles.* http://genealogie.qjeanmarie.be/index.html (mise à jour le 22.2.2015)

André UYTTEBROUCK. *L'entretien des enfants trouvés à Jauchelette (Brabant Wallon) au XIIIe et au XVIIe siècle.* Faculté de Philosophie et Lettres [de l'] Université Libre de Bruxelles, 95 (1985), p. 229-240.

Marie-Anne VAN CAUTER. *Les enfants trouvés et abandonnés de l'hospice de Bruxelles (1811-1862).* Les cahiers de la Fonderie, n° 22, juin 1997, p. 32-37.

Albert VAN LIL. *Enfants trouvés à Forest.* Publication du Cercle d'histoire, d'archéologie et de folklore de Forest = Tijdschrift van de geschied- en heemkundige kring van Vorst, n. 1, p. 22-25.

3.4. *Les noms des juifs*

Philippe PIERRET. *Éléments historiques et anthroponymiques des juifs en Belgique du Moyen Âge à la Première Guerre mondiale.* Actes du 54e Congrès de la Fédération des cercles d'archéologie et d'histoire de Belgique (Louvain-la-Neuve, 2004), 2007, p. 521-530.

Gérard WAELPUT. *Les juifs à Mons au Moyen Âge.* Le Moyen Âge 107 (2001), p. 283-304, 503-521.

3.5. *Les noms allogènes*

Jules HERBILLON. *Noms de famille* Delacre, Diongre, Lebacq *et autres romanisations.* VW 48 (1974), p. 175-176.

Frans DEBRABANDERE. *Adaptatie van gemigreerde familienamen.* BTD 67 (1995), p. 95-111.

* * * * *

Maurice A. ARNOULD. *Les noms de famille romans pris pour des noms étrangers* [résumé d'une communication]. BTD 28 (1954), p. 14.

Jean GERMAIN. *L'exotisme anthroponymique en Wallonie*, dans *Actos do XVII Congreso internacional de lingüistica e filoloxia romanicas* (Santiago de Compostela, 1989), t. IV, A Coruña, 1993, p. 507-513.

* * * * *

Joseph JACQUART. *Belgische Familiennamen in der Aachener Bevölkerung.* Genealogie 8 (1965), p. 628-639.

Joseph JACQUART. *Deutsche Familiennamen in der Lütticher Bevölkerung.* Archiv für Sippenforschung 31 (1965), p. 180-182.

3.6. *Changement et disparition des noms de famille*

Hélène BOURGEOIS-GIELEN. *La motivation des changements de nom de famille en Belgique au XXe siècle et les dispositions légales en cette matière.* Disputationes ad montium vocabula aliorumque nominum significationes pertinentes. Actes du 10e congrès CISO (Wien, 1969), t. 2, 1969, p. 193-200.

E. DE BUISSERET. *Des modifications aux noms de famille.* IdG 105 (1963), p. 122-129.

Zadig. *Noms et prénoms* [e.a. changements de noms]. Sambre-et-Meuse 8 (1937), n° 1, p. 42-43.

* * * * *

Jacques-Henry DE LA CROIX. *Aperçu sur la législation actuelle régissant le nom patronymique* [résumé d'une causerie]. BAV 5 (1969), p. 107-109.

Benoît GASPAR. *Nom de famille : davantage de justice pour les épouses et les enfants* [Aperçu sur les législations actuelles dans les pays du Conseil de l'Europe]. Le Soir (Bruxelles), 11 juin 1982.

* * * * *

Jean GERMAIN. *Évolution et mobilité du stock de NF en Wallonie. Le cas de l'arrondissement de Nivelles* [résumé d'une communication présentée au XVIIe Congrès ICOS, Helsinki, août 1990]. BTD 63 (1990-91), p. 4-7.

3.7. *Fréquence et diffusion des noms de famille*

Fernand BAUDHUIN. *À travers la statistique. Les noms de famille en Belgique.* Le XXe siècle (Bruxelles), n° du 20 sept. 1931.

Fernand BAUDHUIN. *Les noms de famille en Belgique. Un reflet de l'évolution démographique* [comparaison des statistiques en 1931 et 1945 des 15 noms les plus représentés]. La Libre Belgique (Bruxelles), n° des 8 et 9 décembre 1945.

Fernand BAUDHUIN. *L'évolution des noms de famille en Belgique. Quelques anomalies.* La Libre Belgique (Bruxelles), n° des 3 et 4 février 1962.

Jean GERMAIN. *Pour un projet d'étude statistique des noms de famille belges* [résumé d'une communication]. BTD 57 (1983), p. 3.

Jean GERMAIN. *La fréquence des noms de famille contemporains en Belgique.* BTD, t. 62 (1989), p. 139-162.

Jean GERMAIN. *La fréquence des noms de famille contemporains en Wallonie*, dans Antoni M. BADIA I MARGARIT (éd.), *Dictionnaire historique des noms de famille romans. Actes del III Col.loqui (Barcelona, 19-21 juny 1989)*, Tübingen, Niemeyer, 1991, p. 212-216.

Catherine HANTON. *Localisation et interprétation des noms de famille en Belgique.* Proceedings of the XIXth International Congress of Onomastic Sciences (Aberdeen, août 1996), Aberdeen, 1998, vol. 3, p. 183-186.

Catherine HANTON. *Différenciation dialectale de la Belgique romane et cartographie des noms de famille.* Onomastik. Akten des 18. Internationalen Kongresses für Namenforschung (Trier, avril 1993), Bd 1 (2002), p. 65-76.

Yves MOREAU. *Pour une géographie des noms de famille de Wallonie.* DW 12 (1984), 80-92.

* * * * *

Jean-Paul BOUGARD. *Migrations et anthroponymie à Mons au XVIIIe siècle* dans *Les chemins de la migration en Belgique et au Québec, XVIIe-XXe siècles*, Louvain-la-Neuve, Academia, 1995, p. 43-50.

Anna DEGIOANNI, Pierre DARLU, Michel FOULON et Michel POULAIN. *La distribution des patronymes par rapport à la frontière franco-belge*, dans *Régimes démographiques et territoires: les frontières en question*, Paris, AIDELP, PUF, 2000, p. 139-152.

Michel POULAIN. *La localisation des Duchêne et Duquenne en Wallonie: dialectes et migrations.* IdG n° 190 (juillet 1977), p. 251-258.

Michel POULAIN et Michel FOULON. *L'immigration flamande en Wallonie: évaluation à l'aide d'un indicateur anthroponymique.* Revue belge d'histoire contemporaine 12 (1981), p. 205-244.

Michel POULAIN. *En quoi l'anthroponymie peut-elle aider le démographe ?*, dans *Les chemins de la migration en Belgique et au Québec, XVIIe-XXe siècles*, Louvain-la-Neuve, Academia, 1995, p. 111-122.

Michel POULAIN. *Anthroponymie et démographie : une nouvelle voie de recherche.* Onomastik. Akten des 18. Internationalen Kongresses für Namenforschung (Trier, avril 1993), Bd 1 (2002), p. 311-322.

4. Dictionnaires

4.1. *Dictionnaires englobant partiellement la Belgique*

4.1.1. *Le projet PatRom*

Dieter KREMER (coord.). *Dictionnaire historique de l'anthroponymie romane (PatRom). Présentation d'un projet.* Tübingen, Niemeyer, 1997.

Ana CANO GONZALEZ, Jean GERMAIN et Dieter KREMER (éd.). *Dictionnaire historique de l'anthroponymie romane : Patronymica Romanica (PatRom).* Vol. I.1. *Introduction. Cahier des normes rédactionnelles. Morphologie. Bibliographies.* 2006. – Vol. I.2. *Bibliographie des sources.* 2010. – Vol. II.1. *L'homme et les parties du corps humain* (1re partie). 2004. – Vol. II.1. *Les parties du corps humain* (2e partie). *Les particularités physiques et morales.* 2018. – Vol. III.1. *Les animaux. 1. Les mammifères.* 2015. Tübingen, Niemeyer; Berlin, De Gruyter, 5 vol. parus.

C.r. du vol. II/1 : J.-M. Pierret, *Wallonnes*, 2005/1, p. 15-17; des vol. III/1 et II/2 : J.-M. Pierret, *Wallonnes* 2019/2, p. 1-4.

* * * * *

Marie-Guy BOUTIER. *Une approche métalexicographique du Dictionnaire historique de l'anthroponymie romane (PatRom).* Onomastik. Akten des 18. Internationalen Kongresses für Namenforschung (Trier, avril 1993), Bd 5 (2002), p. 3-6.

Jean GERMAIN. *PatRom, un diccionari històric d'antroponímia romànica.* Estudis romànics (Barcelona), 23 (2001), p. 393-4.

Jean GERMAIN. *Doit-on dater les lexèmes d'après des mentions anthroponymiques*, dans *Actes du XXVe Congrès international de linguistique et de philologie romanes (Innsbruck, septembre 2007)*, ed. by Maria ILIESCU et al., Berlin, de Gruyter, 2010, Bd 4, p. 283-290.

Jean GERMAIN. *Les différentes sources au cœur du projet PatRom (Patronymica Romanica).* NRO (Paris), n° 59, 2017, p. 105-124.

Catherine HANTON. *Structuration des articles du* Dictionnaire historique de l'anthroponymie romane. BTD 67 (1995), p. 113-138.

* * * * *

Jean GERMAIN. *Des langues romanes inégales face à la productivité anthroponymique : l'expérience du projet PatRom*, dans *Denominando il mondo. Dal nome comune al nome proprio (Zara, 1-4 sett. 2004)*, a cura di E. CAFFARELLI, Roma, 2005, p. 215-226.

Jean GERMAIN. *La loi des deux syllabes : une réponse structurelle à la fixation des noms de famille en Wallonie*. Dans *Familiennamen zwischen Maas und Rhein*, Frankfurt am Main, P. Lang, 2014, p. 141-155.

Catherine HANTON et Béatrice SCHMID. *Dérivation lexicale et dérivation anthroponymique*, dans *Théorie linguistique et applications informatiques. Actes du 16e Colloque européen sur la grammaire et le lexique comparés (24-27 septembre 1997)*, éd. par Jean René KLEIN et al., Louvain-la-Neuve, 1999, vol. 2 (= CILL 25, 1999, 1-2), p. 31-47.

Catherine HANTON. *Les pèlerins dans le lexique et l'anthroponymie du domaine galloroman*. Actas do XX Congreso ICOS (Santiago, 1999), A Coruña, 2002, p. 1445-9.

Jean-Marie PIERRET. *PatRom : un dictionnaire historique de l'anthroponymie romane,* dans *Onomastik*. Akten des 18. Internationalen Kongresses für Namenforschung (Trier, avril 1993), Bd 1 (2002), p. 303-309.

4.1.2. *Les noms de familles belges dans les dictionnaires français*

Albert DAUZAT. *Dictionnaire étymologique des noms de famille et prénoms de France*. Paris, Larousse, 1951, XXVI-604 + [1955] 16 p.
C.r.: É. Legros, BTD 26 (1952), p. 404-417; É. Legros et J. Herbillon, BTD 30 (1956), p. 337-9; O. Jodogne, RIO 4, p. 151-5.

Albert DAUZAT. *À propos d'un récent dictionnaire : première mise au point* [étymologies à rectifier]. RIO 5 (1953), p. 281-7.
C.r.: É. Legros, BTD 28 (1952), p. 333-4.

Jules HERBILLON. *Albert Dauzat et son nouveau dictionnaire anthroponymique*. BVLg 4 (1951-1952), p. 53-56, 92-96, 110-112, 130-134, 152-156, 179-183.

Marie-Thérèse MORLET. *Dictionnaire étymologique des noms de famille*. Paris, Perrin, 1991.– [Nouvelle éd.] 1997, 1028 p.
C.r. : Fr. Debrabandere. *Boekbespreking : Le dictionnaire de Marie-Thérèse MORLET,* Dictionnaire étymologique des noms de famille. BTD 64 (1992), p. 145-159.

4.2. *Répertoires et dictionnaires de NF en Belgique et en Wallonie*

Auguste VINCENT. *Les noms de familles de la Belgique*. Bruxelles, Librairie Générale, 1952, 112 p.

C.r. importants : É. Legros, BTD 27 (1953), p. 127-131 ; J. Herbillon, *Noms de familles wallons*, BVLg 4, n° 100 (1953), p. 185-196.

Albert CARNOY. *Origine des noms de familles en Belgique*. Louvain, Éd. Universitas, 1953, 408 p. [Ouvrage peu sûr.]
C.r. : A. Dauzat, RIO 5 (1953), p. 307-9 ; A. Vincent, RbPhH 32 (1954), p. 587-594 ; É. Legros et J. Herbillon, BTD 28 (1954), p. 321-328 ; J. Herbillon, BVLg, série d'articles depuis 1954 (voir ci-dessous) ; etc.

Eugène VROONEN. *Essai d'anthroponymie belge*. I. *Les noms de famille de Belgique*. II. *Dictionnaire étymologique des noms de famille de Belgique*. Bruxelles, Dessart, [1957], 2 vol.
C.r. : J. Herbillon, BTD 32 (1958), p. 275-6.

Frans DEBRABANDERE. *Woordenboek van de familienamen in België en Noord-Frankrijk*. Brussel, Gemeentekrediet, 1993, 2 vol. – Grondig herziene en vermeerderde uitgave, Amsterdam/Antwerpen, L.J. Veen/Het Taalfonds, 2003, 1359 p.
C.r. : P.-H. Billy, NRO 41-42 (2003), p. 278-9.

* * * * *

Jules HERBILLON, *Un nouveau traité sur les noms de famille belges,* dans *Bulletin de la Société royale « Le Vieux-Liège »*, de 1954 à 1987. [De A- à Geh-, c'est essentiellement un examen critique du livre de CARNOY 1953. De Geh- à Matz, c'est un essai de dictionnaire des noms de famille wallons. Ensuite, J. H. a recommencé le dictionnaire depuis le début de l'alphabet, de manière plus succincte (de A- à Roi-) ; après sa mort, le travail a été continué par Jean GERMAIN (voir ci-dessous).]

Ab- à *Geh-* [c.r. d'A. CARNOY]. BVLg 4 (1954-1955), p. 371-380, 400-408, 440-446, 486-491 ; 5 (1956-1959), p. 42-49, 113-115, 168-174, 226-229, 249-254, 373-378 ;

Geh- à *Matz-*. BVLg 5 (1960), p. 451-458 [= 493-500] ; 6 (1961-1965), p. 36-43, 118-123, 191-194, 287-290, 314-316, 377-382, 392-397, 432-433, 449-453, 478-481, 526-529 ; 7 (1966-1970), p. 106-114, 162-168, 304-307, 336-340, 360-364, 427-430, 465-469, 515-518 ; 8 (1971-1975), p. 57-63, 82-85, 138-146, 193-200, 238-243, 258-266, 284-291, 319-323, 339-345, 374-379, 395-400, 467-470, 494-497, 518-525 ; 9 (1976), p. 20-26, 65-70 ;

A- à *Prégo-*. BVLg 9 (1976-1980), p. 102-108, 128-135, 183-187, 214-217, 243-247, 291-299, 355-362, 395-400, 442-451, 481-486, 502-510 ; 10 (1981-1983), p. 26-32, 52-56, 96-100, 112-118, 155-159, 228-234, 273-279, 311-316, 331-335 ;

Mau- à *Roiseux*. BVLg 10 (1983-1984), p. 443-447, 466-470, 497-507, 531-534, 562-568 ; 11 (1985-1987), p. 9-14, 71-78, 106-114, 153-164, 184-188, 216-221, 244-247.

[Suite par J. Germain] *Roisin à Van-*. BVLg 11 (1989), p. 468-485, 546-559; 12 (1990-1993), p. 55-64, 94-108, 189-198, 241-259, 302-312, 502-510; 13 (1994-1996), p. 265-276, 304-319, 410-424, 486-495.

* * * * *

Jules Herbillon et Jean Germain (avec la collaboration de Frans Debrabandere et de Jean-Marie Pierret). *Dictionnaire des noms de famille en Belgique romane et dans les régions limitrophes (Flandre, France du Nord, Luxembourg)*. Bruxelles, Crédit Communal, 1996, 2 vol. [En partie, réédition du travail précédent. Contient une liste des noms portés par 100 personnes en Belgique, avec la répartition par province.]

C.r. : P.-H. Billy, NRO 27-28 (1996), p. 226-230; Cl. Maas-Chauveau, RIOn II/2 (1996), p. 394-8; M. Pfister, ZfRPh 113 (1997), p. 710-1; W. Müller, VR 57 (1998), p. 332-4.

Jean Germain et †Jules Herbillon, *Dictionnaire des noms de famille en Wallonie et à Bruxelles,* Bruxelles, Éd. Racine, 2007, 1064 p. [Nouvelle version du dictionnaire précédent, avec révision de nombreuses notices.]

La sortie de presse du Dictionnaire des noms de famille en Belgique romane de Jules Herbillon et Jean Germain. Discours de MM. André Goosse et Jean Germain. BARLF 74, n° 1-2, pp. 125-135.

Jean Lechanteur, *Notes sur quelques noms de famille wallons* [région liégeoise]. BTD 75 (2003), p. 113-171 ; 79 (2007), p. 99-124. [Importantes séries de notes anthroponymiques consacrées à des NF attestés dans les archives liégeoises. Notices intégrées dans le *Dictionnaire des noms de famille en Wallonie et à Bruxelles* de J. Germain et J. Herbillon, 2007].

* * * * *

Jean Delorme. *Dictionnaire des noms de famille de Belgique*. Paris, Éd. de la Voûte, 2004, 82 p. [Sans grande valeur scientifique].

H. Naquet-Radiguet. *Les noms de famille en Belgique. Histoires et anecdotes*. Paris, Archives & Culture, 2004, 232 p. [Ouvrage de vulgarisation, anecdotique].

* * * * *

Armand Deltenre. *L'origine dès nos èt leû signification.* Èl Bourdon 8 (1956), du n° 85 au n° 89.
André Goosse. *Noms de familles.* La Revue générale, 2007, n° 12, p. 43-48.
Jacques Liénard. *Les noms de famille. Note sur la formation et l'enregistrement des noms de famille.* Liège, chez l'auteur, 1985, 32 p.
Charles Grandgagnage. *Notes étymologiques sur les noms de famille.* BIALg 2 (1854-56), p. 329-331.
Joseph Jacquart. *Les familles contemporaines. Onomastique locale du XXe siècle.* Bruxelles, chez l'auteur, 1945-46.
Auguste Vincent. *Remarques sur quelques noms de familles belges.* BTD 27 (1953), p. 67-85.
[1. *Huy* dans les NF – 2. Lg. *Kangi(e)ster* – 3. L'adv. *Là* + autre adv. de lieu – 4. Mots abstraits : Beaumariage, etc. – 5. Part. présent : Aimant, etc. – 6. Redoublements : Baba, etc. – 7. *Sans-* et son pendant néerl. – 8. Suffrongelle, Soufnongelle, Soufnenguel]
C.r.: J. Herbillon, BTD 28 (1954), p. 329.

* * * * *

Edgard Sacré. *De la déformation des noms propres en wallon.* Langues et dialectes 1 (1891-93), p. 332-354.
Roger Kervyn de Marcke ten Driessche et Hadelin Kervyn de Meerendré. *Mentor au tournant du Bottin.* FB n° 165 (1965), p. 312-344 [concerne la prononciation de certains NF de la noblesse et de la haute bourgeoisie belges].
C.r. : J. Herbillon, BTD 42 (1968), p. 315-6.
Jean d'Osta. *Comment faut-il prononcer les noms de famille belges ?* Cercle d'histoire de Bruxelles et extensions 18 (2001), n° 71, p. 8-9.
Jean Germain. *Quand l'anthroponymiste se mue en généalogiste* [résumé]. BTD 90 (2018), p. 28-29.

4.3. *Dictionnaires et études de NF par région ou province*

4.3.1. *Province de Liège*

N. Bastin. *De Nederlandse familienamen te Grivegnée.* Mémoire de licence en philologie germanique ULg, 1972.
P. Bonte. *Bijdrage tot de studie van de Nederlandse geslachtsnamen te Borgworm* [Waremme]. Mémoire de licence en philologie germanique ULg, 1974.

Centre culturel de Clermont-Elsaute-Froidthier. *Clermont-sur-Berwinne, 1230-1980*. Stavelot, Impr. Chauveheid, 1980, 781 p., ill. [Noms de famille et patronymes : p. 163-5].

R. DERY. *Bijdrage tot de studie van de Nederlandse persoonsnamen te Luik* [Liège]. Mémoire de licence en philologie germanique ULg, 1954-55.

Jean GERMAIN. *Quelques noms de famille des Avins*, dans *Avinois*, n° 3, 1992, p. 10-11; n° 6, 1992, p. 19-20.

Jules HERBILLON. *Noms de famille malmédiens*. PSR 6 (1967), p. 37-47.

Bénédicte HUYGEN. *Anthroponymie hervienne contemporaine*. Mémoire de licence ULg, 1982-83, 203 p.

Léon MARQUET. *Noms de famille de Spa*. Réalités (mensuel de Spa), n° 133 (juin 1994), p. 11-16.

Louis MEYS. *Notre nom, patrimoine familial (Terwagne, hier ... aujourd'hui)*. Terwagne, Cercle historique et culturel, 2002, 80 p.

Joseph SCHNACKERS. *Origines des noms de famille* [dans le pays de Herve]. Bulletin de la Société d'hist. et d'arch. du plateau de Herve, n° 50, déc. 1986, p. 1-36.

Léo WINTGENS. *Les noms de famille dans l'ancien Duché de Limbourg, zone de contact germano-romane*. BTD 67 (1995), p. 173-192.

Léo WINTGENS. *De familienamen als getuigen van de historische taalkontakten rond het oude hertogdom Limburg*, dans *Ovver Plat jekald*, Kerkrade, 1993, p. 80-91; 1994, p. 33-38.

Jean WISIMUS. *Lès nos d' famile* [avec exemples verviétois]. Årmanak ... "Lu vî Tchêne" 1948, p. 29-30.

4.3.2. *Province de Luxembourg*

Albert BRION. *Où plongent les racines des noms propres ? Toponymes gaumais* [avec gentilés] *et patronymes belges*. Virton, Musée gaumais, 2007.

Am. DE LEUZE. *Origine des noms de famille spécialement dans le Luxembourg*. Namur, Impr. Douxfils, 1900, 23 p.

M. FANON. *Des noms bien de chez nous* [région de Durbuy]. Terre de Durbuy 3 (1984), n° 12, p. 41-46.

Jean GERMAIN. *Se dénommer autrefois, s'appeler aujourd'hui, en Gaume et ailleurs*. Les Cahiers Brunehaut (Chiny), n° 22 (2011), p. 19-22.

André LANOTTE. *Esquisse d'ascendances : Lanotte-Defays, Jullien et Lamouline à Bertrix*. Namur, A. Lanotte, 1990, 107 p. [Nombreux crayons généalogiques fort intéressants pour la transmission des noms].

Jean-Marie PIERRET. *D'où viennent nos noms de famille ?* Terre de Neufchâteau, nouvelle série, 2001 (n° 1), p. 15-22.

Lucien ROGER. *Additions aux Communes luxembourgeoises ... Évaluation ou « Vaillissance de la conteit de Luccemburch » dressée de 1306 à 1317.* AIAL 49 (1914), p. 24-44.

4.3.3. *Province de Namur*

Fernand BRIQUEMONT. *Winenne : histoire, évolution.* Dinant, chez l'auteur, 1998, 260 p. [noms de famille : p. 14-33].

Serge CHASSEUR. *Les noms de famille de Fernelmont.* S.l., Ligue des familles de Fernelmont, 1994, 86 p.

Albert DOPPAGNE. *Les noms de personnes de Louette-Saint-Pierre.* Bruxelles, Didier, [1953], 90 p. [Paru initialement dans la revue *Langues vivantes*, 18e année, p. 313-6, 377-392; 19e année, p. 3-13, 97-114, 187-200 et 257-280].
C.r.: J. Herbillon, BTD 27 (1953), p. 146; 28 (1954), p. 330-1.

Luc DUMONT. *Anthroponymie et isonymie: Viroinval 1800-1976.* Mémoire de licence en Sciences sociales ULB, 1987.

Omer JODOGNE. *Sur des noms de famille namurois.* Namur, Les Rèlîs Namurwès, 1977, 32 p. – Paru d'abord dans *Les Cahiers wallons,* 1976, n° 7, p. 97-105 ; n° 8, p. 113-122 ; n° 9, p. 129-134 ; n° 10, p. 155-160.

Lucien LÉONARD. *Lexique namurois ...*, Liège, SLLW, 1969, p. 325-328 (Noms patronymiques régionaux).

Jean-Marie PIERRET et Jean GERMAIN. *Noms d'entre Ardenne et Meuse : chronique des noms de famille de chez nous.* DMA 14 (1992), p. 81-86.

Jean et Léopold QUEWET. *Sart-Custinne : son histoire, ses familles.* Dinant, Bourdeaux-Capelle, 2001, 292 p.

Jean et Léopold QUEWET. *Gedinne, Malvoisin, Patignies : histoire et familles.* Auderghem, J. Quewet, 2002, 392 p.

Jean et Léopold QUEWET. *Rienne : son histoire, ses familles.* Auderghem, J. Quewet, 2003, 304 p.

Jean et Léopold QUEWET. *Willerzie : son histoire, ses familles.* Auderghem, J. Quewet, 2006, 277 p.

Jean et Léopold QUEWET. *Louette-Saint-Denis : son histoire, ses familles.* Auderghem, J. Quewet, 2010, 260 p.

4.3.4 *Province de Hainaut*

Anonyme. *Les noms de famille* [de Binche], dans SAMBinche, n° 9 (mai 2010), p. 2-7.

Guy Bouccin. *Le nom de villageois de Pont-à-Celles, d'Obaix et de Liberchies au début du XVIe siècle.* Cella, n° 127-128, (2011), p. 18-29.

Jean-Paul Bougard. *Les familles de Wasmes et de Warquignies aux XVIIIe et XIXe siècles.* [2e partie] *L'anthroponymie.* Louvain-la-Neuve, Institut des sciences politiques et sociales, 1978, 59 p.

Jean-Paul Bougard. *La reconstitution semi-automatique des familles par la standardisation des patronymes. Le cas de Wasmes et Warquignies 1803-1850.* Actes du XLVe Congrès de la Fédération des cercles d'archéol. et d'hist. de Belgique (Comines, 1980), Comines, 1983, t. 4, p. 103-136.

Alphonse de Marneffe. *Les noms de famille au Pays Noir. Onomastique carolorégienne.* Charleroi, 1935, 13 p. [Sans grande valeur scientifique]. C.r. : J. Haust, BTD 10 (1936), p. 411-2.

Pierre Dendoncker. *Familles-souches et anthroponymie picarde dans la région de Comines-Warneton aux XIXe et XXe siècles.* Mémoires de la Société d'histoire de Comines-Warneton 10/1 (1980), p. 115-136.

Jean-Luc Dubart et Paul Mahieu. *Auriez-vous un nom picard ? Jeux de piste sur les noms de famille picards du Tournaisis.* Péronnes-lez-Antoing, Scribande, 1991.

Jean-Luc Dubart. *Gins d'ichi. Étymologie de 7000 patronymes* [inédit]. 1995.

Paul-Armand du Chastel de la Howarderie-Neuvireuil. *Notes étymologiques, héraldiques, généalogiques, historiques et critiques sur des noms de famille de l'ancien Tournaisis, du Hainaut, de la Flandre et de la Pévèle.* Tournai, Casterman, 1910 (rééd. : Torhout, Flandria Nostra, 1989), 283 p.

André Lavrillé. *Sur les noms et prénoms des Lessinois jadis.* Cercle d'histoire de l'entité lessinoise. Bulletin d'information trimestriel, n° 163 (2009), p. 23.

Pierre Ruelle. *Des noms de famille de Quaregnon.* Le Journal de Quaregnon, 1988, n° 3, p. 12-13. – Repris dans *Pierre Ruelle et le Borinage*, Charleroi, micRomania, 2004, p. 226-230.

George Sohier. *Le Vieux Mons. Les noms de familles.* Journal de Mons et du Borinage (Mons), n° du 26 août 1960.

Christian Sol. *L'origine des noms de familles* [région de Sivry]. EFT 10 (1970), p. 12-15.

Auguste Soupart. *Les noms de famille de Nalinnes : leur signification, leur origine. Étude anthroponymique.* Nalinnes, chez l'auteur, 1976, 55 p.

M. TRICOT. *Les patronymes. Les prénoms* [à Beaumont]. Publication trimestrielle du Cercle d'histoire de Beaumont 11 (2001), n° 23-3, p. 324-328.

4.3.5. *Province de Brabant wallon*

Didier BELIN. *Les noms de famille de Jauche: Jauche–Folx-les-Caves–Énines. Étude anthroponymique et dialectologique,* Wavre, chez l'auteur, 1985, 143 p.

Didier BELIN. *Noms de famille du Brabant wallon.* FB n° 267, sept. 1990, p. 191-211; n° 269, mars-juin 1991, p. 15-39; n° 272, déc. 1991, p. 259-296.

Didier BELIN. *Les noms de famille de Wavre.* Art et histoire de la région de Wavre, I (1987), n° 1, p. 11-19 ; n° 2, p. 49-59 ; II (1988), n° 2, p. 41-47 ; III (1989), n° 1, p. 7-15 ; n° 3, p. 53-71.

Catherine HANTON. *Les noms de fonction ecclésiastique et les délocutifs religieux dans l'anthroponymie du Brabant wallon* [surtout à propos des NF Gloria, Chapelain, Doyen et Paternoster]. Revue d'histoire religieuse du Brabant wallon 13 (1999), n° 4, p. 239-251.

Philippe HORBACH. *Essai d'anthroponymie. Recherche sur les noms de famille de l'arrondissement de Nivelles issus d'un nom de métier ou d'un surnom.* Mémoire de licence ULg, 1985.

Frans INGELS et Robert VANORLÉ. *Les noms de famille de Neerheylissem. Essai d'explication.* Neerheylissem, Éd. Goyens, 1976-77, 2 fasc. (Les cahiers d'Hélecine, 3, 5).

Frans INGELS et Robert VANORLÉ. *Les noms de famille de Linsmeau et d'Opheylissem. Essai d'explication* (Les cahiers d'Hélecine) [Annoncé mais jamais publié].

Jean-Marie PIERRET. *Quelques noms de famille de Chastre et de la région. La mémoire de Chastre*, n° 36, septembre 1999, p. 9-12.

4.4. *Noms de famille allophones ou exogènes*

Erik APPELGREN. *Noms de famille wallons en Suède (A- et B-).* DBR 24 (1967), p. 105-121 (à compléter par l'ouvrage suivant).

Erik APPELGREN. *Vallonernas Namn* [Répertoire des métallurgistes wallons émigrés en Suède au XVIIe s.]. Stockholm, V. Pettersons, 1968, 300 p..

Jean GERMAIN. *Des noms wallons pour la Suède*, dans L. COURTOIS (éd.), *De fer et de feu. L'émigration wallonne vers la Suède. Histoire et mémoire*, Louvain-la-Neuve, Fondation wallonne Humblet, 2003, p. 159-165.

* * * * *

Françoise LEMPEREUR. *Les Wallons d'Amérique du Nord*. Gembloux, Duculot, 1976, p. 61-68 (Liste des NF wallons rencontrés au Wisconsin).

R. HERBIGNIAUX. *Noms de famille Belgique/États-Unis*. Racines (Cercle historique et archéologique de Wavre), 2001, n° 1, p. 15-18.

* * * * *

Andreae FOCKEMA. *De bewerking der Waalse en Franse familienamen in Nederland*. Naamkunde 35 (1959), p. 63-66.
C.r. : J. Herbillon, DBR 17 (1960), p. 53-54.

Odon LEYS. *Romaanse leenwoorden in de Westvlaamse naamgeving tot 1225*. Naamkunde 30 (1954), p. 149-169.
C.r.: J. Herbillon, BTD 29 (1955), p. 157-8.

P.L.M. TUMMERS. *Waalse familienamen in Limburg*. Mededelingen van de Nijmeegse Centrale voor Dialect- en Naamkunde 4 (1964), p. 8-10.
C.r. : J. Herbillon, BTD 40 (1966), p. 102-3.

* * * * *

Eugène VROONEN. *Les noms de famille étrangers en Belgique. Leur localisation dans l'anthroponymie des pays d'origine*. Bruxelles, Liège, Pim-Services, [1957], 76 p.

Jean GERMAIN. *Les noms de famille italiens en Belgique*. RIOn 13 (2007), n° 2, p. 503-530.

4.5. *Noms de famille particuliers* [par ordre alphabétique des NF étudiés]

Jules HERBILLON. *Les noms de famille* Absil, Attenelle, Aupaix. VW 50 (1976), p. 237-239.

Léon PAPELEUX. *L'origine wallonne du cosmonaute Aldrin*. VW 43 (1969), p. 282-3. – Jules HERBILLON. *L'origine wallonne du cosmonaute Aldrin*. VW 44 (1970), p. 58, 155-156.

Yve ROMAIN. *La généalogie ou l'art de la patience dans la recherche. Les difficultés, les incohérences. Un exemple : la famille Baise* [Bienne-lez-Happart]. Le Trèfle, n° 77 (1er trim. 2012), p. 8-14.

Élisée Legros. *L'étymologie du nom de personne* Baiwir. DW 3 (1973-74), p. 120-121.
Jules Herbillon. *Le nom de famille* Bar(r)é. VW 59 (1985), p. 189-190.
Émile Boisacq. *Étymologies wallonnes. L'origine des noms de famille* Baudelaire *et* Cattier. RbPhH 11 (1932), p. 341.
Jules Herbillon. *Origines liégeoises de Beethoven.* BVLg 1, n° 29 (1935), p. 449-450.
Jules Herbillon. *Le nom de famille* Bodson. VW 49 (1975), p. 218-220.
Jules Herbillon. *Les noms de famille* Bonnechère (Bonnesire) *et* Bosly. VW 51 (1977), p. 24-26.
Jules Herbillon. *Le nom de famille « *Brousmiche* »*. Au pays des Rièzes et des Sarts, I, n° 7 (1961), p. 332-333.
Christian Cannuyer. *Le nom de famille* Cannuyer. VW 57 (1983), p. 171-173.
Jules Herbillon. *Le nom de famille* Cavenail(l)e. VW 57 (1983), p. 121-122.
Jean Cavenaile. *À propos du nom de famille* Cavenaile. VW 58 (1984), n° 385, p. 49-50.
Louis Remacle. *Notes critiques. 43.* Chardhomme. DW 16 (1988), p. 136-140.
Jules Herbillon. *Le nom de famille et toponyme* Chassart. VW 57 (1983), p. 51-52.
Jean Germain. Cheramy, Carofiglio *et autres noms délocutifs composés avec l'adjectif fr.* cher, *it.* caro [et NF Decarnoncle]. In: *Di nomi e di parole. Studi in onore di Alda Rossebastiano*, Roma, Società Editrice Romana, 2017, p. 259-274.
Jules Herbillon. *Le nom de famille* Ciroux, Siroul, Siroux. VW 53 (1979), p. 40-41.
Jules Herbillon. Coheûr*, nom de famille hesbignon.* DBR 6 (1947), p. 27.
C.r. : É. Legros, BTD 22 (1948), p. 445.
Jules Herbillon. *Le nom de famille* Coheur *: une palinodie.* VW 50 (1976), p. 87-89.
Baudouin Duvieusart. Coppe, Compère *et* de Prelle *: comprendre les études de Goffin* [concerne notamment Enghien]. Le Parchemin, n° 400 (juillet-août 2012), p. 335-353.
Louis Remacle. *Le terme* cwarmê *dans une expression toponymique* [et le NF Cormeau]. PSR 14 (1979-80), p. 51-52.
Jean Lechanteur. *À propos du nom de famille* Corombelle. *Note d'étymologie et de phonétique.* DW 11 (1983), p. 118-123.

Georges COUVERT. *Ancêtres ardennais : les familles Couvert, Cornet, Petitjean, Wilvers, Bosseaux*. Bruxelles, chez l'auteur, 1978, 67 p.

André DARQUENNES et Frédéric GOBBE. *Les* Daubresse *de Dampremy, premiers porteurs du nom ?* Bulletin généalogique hainuyer, n° 103 (2015), p. 164-169.

Joseph DELMELLE. Dave *est aussi un anthroponyme*. Pays de Dave et de Longeau n° 32 (1979), p. 36. – *Note complémentaire* par Hervé DOUXCHAMPS, id., n° 33 (1979), p. 28-29.

Étienne DAXHELET. *Un vieux nom de famille wallon* : Daxhelet. VW 57 (1983), p. 87-93.

Jean GERMAIN. *Les noms de famille* De Carnonckel et Decarnoncle : *de jolis délocutifs* [résumé d'une communication]. BTD 81 (2009), p. 10.

Adolphe VAN LOEY. *Propos sur l'origine du nom* De Keyn. Académie royale de Belgique. Bulletin de la Classe des Lettres et des Sciences morales et juridiques 69 (1983), n° 1, p. 18-27.

Jean LECHANTEUR. *Le nom de famille* Delbouille *(et variantes)*. DW 36 (2016), p. 45-64.

Jean DELIRE. *Quelques notes sur la famille Delire*. Le Vieux Châtelet 4 (1963-64), p. 97-100.

Fernand SCHREURS. *À propos de noms de famille wallons* [Desoer et Discart]. BVLg 5 (1956), n° 114, p. 92.

Jules HERBILLON. *Le nom de famille* Destexhe. VW 49 (1975), p. 81-82.

Louis REMACLE. *Le nom de famille* « Dohogne ». PSR 11 (1973-74), p. 27-30.

Jules HERBILLON. *Le nom de famille* Donnay. VW 47 (1973), p. 179-180.

Arthur DONY. *Une famille du pays hutois : les Dony* (Dongny, Doignies). ACHSBA 22 (1949), p. 144-238.

Jules HERBILLON. *Le nom de famille* Dos(s)in. VW 52 (1978), p. 225-227.

Hervé DOUXCHAMPS. *La famille Douxchamps : histoire sociale et professionnelle d'une famille namuroise* [et l'origine du nom]. Heule, UGA, 1973, XXII-449 p. (Anciens pays et assemblées d'états, 61).

A. A. DRESSE. *Éléments de généalogie. Familles* Dresse, Drèze, Dres. Liège, 1977.

Jules DEWERT. *Le nom de* Jacques Du Broeucq. VW 6 (1926), n° 7, p. 269-277.

Albert VANDER LINDEN. *À propos de Guillaume Dufay*. Revue belge de musicologie 3 (1949), p. 44-46. – *Comment faut-il prononcer* « Dufay » ? Id. 19 (1965), p. 112-117.

Jules HERBILLON. *Le nom de famille* Empain. VW 52 (1978), p. 73-74.

Maurice LANG. *La famille saint-vithoise* Fangol. FStMy 28 (1964), p. 1-15.

Jules HERBILLON. *Les noms de famille* Fonder, Galler, Sarter *et congénères*. VW 58 (1984), p. 48-49.

Edgard RENARD. Fouarge, *ancien lieu-dit et patronyme*. BTD 9 (1935), p. 191-193.

G. DE FROIDCOURT. *Métamorphoses d'un nom* [Godefroid > Tailfer > Froidcourt]. Sambre-et- Meuse (Bruxelles), 6 (1935), n° 5, p. 107-8.

Jean GERMAIN. Du NP *G(o)aillard* au lexème français *gaillard*: pourquoi pas la piste déonomastique? », dans *Novi te ex nomine. Estudos filoloxicos ofrecidos ao Prof. Dr Dieter Kremer*, Santiago de Compostela, 2004, p. 257-274.

Bernard ROOBAERT. *De familienaam* Goditiabois. Het Oude Land van Edingen en Omliggende (Hérinnes), 31 (2003), p. 61-62.

Edgard RENARD. Géron et Jonruelle [patronymes en *–ard*]. AHL 4 (1935-36), p. 261-7.

Jules HERBILLON. *Les noms de famille* « Gerson » *et* « Werson ». PSR 7 (1968), p. 57-61.

René JANS. *Gérard Bastin dit Goswin*. BVLg 7 (1971), p. 102.

Catherine HANTON. *Le nom de famille* Gribomont/Gribaumont. Singuliers 1996, n° 3, p. 13-18.

Louis REMACLE. *Notes critiques 39*. « le Guet », « le Guea » (NP). DW 15 (1987), p. 139-142.

Jules HERBILLON. *Le nom de famille* Hicter. VW 53 (1979), p. 230-231.

Jacques POHL. *Occident ou Hochedent* [étymologie du patronyme Hocquiden]. Vie et langage (Paris), 6 (1957), p. 353-354.

Jules HERBILLON (avec J. LESIRE). *I n'èst nin d' Glons, s'i n'èst Honhon*. VW 33 (1959), p. 262-264.

Jules HERBILLON. *L'anthroponyme* Hustin. BVLg 9, n° 210-211 (1980), p. 627.

Roger PINON. *Un nom original:* Joly XIV. VW 64 (1990), n° 409-412, p. 195-6.

Élie MAGOTTEAUX. *À propos du nom* « Jordan ». APRS 5 (1974), n° 58, p. 167-169.

Victor KOCKEROLS. *Origine du nom et de la famille* Kockerols. [2e éd.]. Malonne, chez l'auteur, 2001, 61 p.

Jean GERMAIN. *L'extrême popularité du nom* Lambert *et de ses dérivés en Wallonie*. In: *L'église Saint-Lambert de Bouvignes 1217-2017. Autour du 800e anniversaire de sa dédicace*, Bouvignes, Les Echos de Crèvecoeur, n° 47, décembre 2017, p. 61-67.

Paul MICHEL et J. LECOMTE. *Miettes d'histoire chimacienne.* Lartifaille [d'après le sobriquet d'un aventurier vers 1790-1792]. APRS 4 (1963), n° 15, p. 348-359.

Jules HERBILLON. *Les noms de famille* Ledent, Clerdent, Grosdent. VW 53 (1979), p. 122-123.

François DE CACAMP et Jacques LEMERCIER. *Une vieille famille athoise. Six siècles d'histoire de la famille Lemercier (autrefois le Merchier dit le Bosquillon), 1370-1970.* ACAA 43 (1970), 365 p. [Le nom et son évolution, p. 14-34].

Jean LETROYE. *Origine du nom de la famille* Letroye, dans Bulletin généalogique hainuyer, n° 109 (2017), p. 41-43.

Jules HERBILLON. *Le nom de famille* Lhoest. VW 47 (1973), p. 225-226.

Jean GERMAIN. *Le loup dans l'onomastique wallonne* [toponymie et anthroponymie] dans *Ô Loup ! De nos campagnes à nos imaginaires*, Mariemont, Musée royal, 2012, p. 192-207.

Jules HERBILLON. *Le nom de famille* « Malmendier ». PSR 12 (1975-1976), p. 77-78.

Jules HERBILLON. « Malvoz » *nom de lieu et de famille liégeois.* PSR 10 (1971-1972), p. 91-93.

Isidore DEMBLON. *Notes sur la famille* Marcotty. DBR 13 (1956), p. 67-68.

Jean-Marie PIERRET. *L'origine du nom de famille* Massart. *Petite récréation anthroponymique*, dans *Aventures et voyages au pays de la Romane. Pour Pierre Massart*, Cortil-Wodon, Éditions modulaires européennes, 2002, p. 239-245.

Louis REMACLE. *Le nom de personne* « Massoz ». GSHA n° 18 (1983), p. 63-64.

Louis REMACLE. *Le nom de personne* Meanten *(La Gleize, XVIe s).* DBR 17 (1960), p. 165-6.
C.r.: J. Herbillon, BTD 35 (1961), p. 332.

Bernard MENGAL. *De* Megingaud *à* Mengal. *Origine et évolution d'un nom de famille.* Bruxelles, chez l'auteur, 2004, 84 p.

Christian MERLO. *Les Merlo messins* [aussi NF Merlot à Liège]. RIO 9 (1957), p. 81-92 et 161-180.
C.r.: J. Herbillon et É. Legros, BTD 32 (1958), p. 281-2.

F. et P. GÉRARD. *Origine et parentage de la famille* Mynez de Biesme. GW 53 (1977), n° 4, p. 97-104.

Jules HERBILLON. *Les noms de famille* Naveau, Navet, Navez *: une légende tenace.* VW 50 (1976), p. 172-174.

Paul DE ZUTTERE. *Genealogische schets van het geslacht* O [NF O attesté sans variante depuis 1615 en Flandre]. IdG 82-83 (1959), 21 p.

C.r. : J. Herbillon, BTD 34 (1960), p. 296.

Gaston REMACLE. *La famille* Otte *de Vielsalm [B 4]*. GSHA n° 4 (1976), p. 58-63.

Jules HERBILLON. *Le nom de famille* Papeleux. VW 55 (1981), p. 238-239.

Léon PAPELEUX. *Le nom de famille* Papeleux. *À propos d'une notice de Jules Herbillon*. VW 56 (1982), n° 377, p. 51-53.

Jules HERBILLON. *Le nom de famille* Pétillon. VW 56 (1982), p. 126-127.

Louis REMACLE. *Les avatars du nom de famille* Peuvrate. DW 3 (1973-74), p. 122-126.

Jules HERBILLON. *Le nom de famille* Pieltain. CW 44 (1981), n° 7, p. 97-98.

Jules HERBILLON. *Le nom de famille* Pignolet. VW 56 (1982), p. 197-198.

Jean GERMAIN. *Les noms de famille* Pissavin, Pissevin, Pisvin, *etc. Vraiment des surnoms d'ivrognes ?*, dans *La vigne et les vergers. Actes du X*e *Colloque d'onomastique SFO (Reims)* = Parlure Champagne-Ardenne, n° 14-17 (2002), p. 11-20.

Marc QUAGHEBEUR. *De familienaam* Quaghebeur *et* Goeghebeur. *Geografische verspreiding*. Naamkunde 6 (1974), p. 185-191.

Odon LEYS. *De familienaam* Quaghebeur *et* Goeghebeur. *Pleidooi voor het naamgeografisch onderzoek* [concerne aussi les NF Malvoisin et Bonvoisin]. Naamkunde 6 (1974), p. 192-197.

Jules HERBILLON. *L'anthroponyme* Remacle. PSR 14 (1979-1980), p. 39-41.

Louis REMACLE. *Note généalogique* [à propos des NF Remacle, Talbot, Blaise, Gillet]. DW 35 (2013), p. 17-18.

Jules HERBILLON. *Le musicien J.-J. Robson est-il d'origine anglaise ?* VW 45 (1971), p. 69-70.

Georges ANDRÉ. Ruômolin *à Oizy [D 130], toponyme et anthroponyme*. DBR 21 (1964), p. 113-122.

W. GORRISSEN. *Une curiosité onomastique wallonne* [à propos du NF Rutxhiel de Lierneux]. VW 16 (1935-36), n° 183, p. 93-95.

Louis REMACLE. *Le nom du sculpteur* Rutxhiel. DW 21-22 (1993-94), p. 253-9.

Jules HERBILLON. *Le nom de famille* Sacré. VW 48 (1974), p. 43-44.

Jacques SACRÉ. *La famille* Sacré. EFTh n° 52 (1980), p. 3-6.

René GOFFIN. *Sur l'origine et le nom des* Salmier, dans *Études historiques et archéologiques namuroises dédiées à Fernand Courtoy*, Namur, 1952, p. 381-383.

C.r.: É. Legros, BTD 27 (1953), p. 147.

Jules HERBILLON. *Les noms de famille* Sanspoux, Soxhelet, Stiernet, Taminiaux, Tonglet. DW 7 (1979), p. 23-30.

Jules HERBILLON. *Le nom de famille* Sa(u)venay. VW 52 (1978), p. 117-119.

André GOOSSE. *Le nom de famille* Schayes. DW 6 (1978), p. 138-142.

Jules HERBILLON. *Les noms de famille* Servais, Selvais, Solvay. VW 48 (1974), p. 108-110.

Jean GERMAIN. *Noms d'entre Ardenne et Meuse:* Ska, Sanzot, Genette, Therasse, Pessleu. DMA 17 (1993), p. 75-82.

Auguste SOUPART. *Histoire de la famille* Soupart [et du NF Soupart et variantes]. Cerfontaine, chez l'auteur, 1997, 75 p. (tiré à part de la revue IdG, n° 310 et 311).

Jules HERBILLON (avec Élisée LEGROS). *Ancien liégeois* speelier *« fabricant d'épées »* [NF *Spailier, Spaily*]. DBR 9 (1952), p. 72-84.

Jules HERBILLON. *Le nom de famille* Spirlet. VW 55 (1981), p. 74-75.

Edgard RENARD. Strailhe, Straile *ou* Streel ? [concerne le NL et le NF]. AHL 3 (1932-34), p. 191-195.

Jules HERBILLON. *Le nom de famille* Streignart. VW 57 (1983), p. 170-171.

Jules HERBILLON. *À propos de Rennekin Sualem.* BVLg 2, n° 47 (1938), p. 270.

Paul DE ZUTTERE. *Variations graphiques d'un nom de famille curieux :* Suffrongelle. IdG n° 80 (mars 1959), 4 p.

Jean GERMAIN. *L'origine givetoise du nom de famille (de) Suraÿ* [résumé]. BTD 87 (2010), p. 18-19.

Jean GERMAIN. *L'origine givetoise du nom de famille (de) Suraÿ*, dans *Du pigeonnier au moulin. Études d'onomastique en hommage à Marianne Mulon*, Paris, SFO, 2011, p. 61-71 = Ardenne wallonne, n° 120 (1er trim. 2010), p. 14-19.

Jules HERBILLON. *Le nom de famille* Taine. RIO 21 (1969), p. 215-216.

Jules HERBILLON. *Le nom de famille* Talbot *et la tradition wallonne.* VW 58 (1984), p. 45-47.

Jules HERBILLON. Tartarin*, nom de famille. I. Dans l'onomastique wallonne.* RIO 9 (1957), p. 305-306.

Jean GERMAIN. *La Thiérache dans les noms de famille belges* [NF Therasse, etc.], dans *«Ces mots qui sont nos mots». Mélanges d'histoire de la langue française, de dialectologie et d'onomastique offerts au Professeur Jacques Chaurand* (= Parlure Champagne-Ardenne n° 7-8-9-10), 1995, p. 385-390.

G. J. NINANE. *Curiosités historiques d'onomastique familiale, à propos de deux familles rurales du Condroz :* Thésia *et* Ninane. IdG 4 (1972), n° 160, p. 205-210.

P. NOTHOMB. *La famille Tinant, de Romponcel, d'Izel et d'Autel* [généalogie intéressant l'anthroponymie des 17e, 18e et 19e siècles]. AIAL 72 (1941), p. 68-98.

Jean GERMAIN. *Le nom de famille* Vasamuliet *ou les avatars d'un nom de famille flamand en Wallonie.* DW 13 (1985), p. 127-134.

Maurice LANG. *La famille* Vecqueray *ou* Le Vecqueray *au Duché de Limbourg (Fragment généalogique)*. FStMy 16 (1952), p. 65-91.
C.r.: É. Legros, BTD 27 (1953), p. 148.

Joseph Jean DE SMET. *Note sur l'origine, le nom et la devise de la famille Vilain XIIII.* BARBL, 1re série, t. 9/1, p. 244-252.

Jules HERBILLON. *Les noms de famille* Volan(t) *et* Volon(t). VW 57 (1983), p. 170.

Albert HENRY. *Wallon liégeois* warokê, waroker [concerne aussi les NF Waroquier, Waroquet, etc. qui s'y rattachent]. DBR 8 (1950), p. 143-148.

W. GORRISSEN et Jean HAUST. *L'origine du nom de* Watteau. VW 4 (1923-24), p. 347-8.

Jules HERBILLON. *Une origine du nom de personne* Watteau. VW 34 (1960), p. 123-124, 204-205.
C.r.: J. Herbillon, BTD 35 (1961), p. 331-2.

5. Noms de baptême et prénoms

5.1. *Généralités sur les prénoms*

Alfred BALSACQ et R. BILLIET. *Dictionnaire français-néerlandais et néerlandais-français des prénoms admis par l'état civil.* Luttre, Balsacq, 1936.

M. J. B. D'ARDENNES. *Que signifie votre nom ?* [Origine et signification des prénoms usités en Belgique et de quelques noms bibliques]. Amay, Prieuré d'Amay, [vers 1945], 32 p. [Peu de valeur].

D. MIRGUET. *Les prénoms. Essai doctrinal et pratique.* Revue de l'administration et du droit administratif de Belgique, 1926, p. 149-174.

C. VAN DEN BROECK, P. L. VAN POUCKE. *Dictionnaire des prénoms à l'usage des officiers de l'état civil.* Adapté en français et pourvu d'une introduction par L. STICHELBAUDT. Courtrai, U.G.A, [1957], 155 p.

Marc VAN ROOYEN. *Het groot voornamenboek. 65.000 voornamen ten behoeve van de ambtenaren van de burgerlijke stand en aanstaande ouders.* Oostkamp, chez l'auteur, 1994 (réédition), 3 vol.

Traité d'état civil, Bruxelles, Larcier, 1978.

* * * * *

Albert DOPPAGNE. *Contribution méthodologique à l'étude des prénoms.* Actes du 3e Congrès international de Toponymie et d'Anthroponymie (Bruxelles, 1949), Louvain, 1951, t. 3, p. 700-715.
C.r.: É. Legros, BTD 26 (1952), p. 401-2.

Albert DOPPAGNE. *De quelques usages anthroponymiques actuels en Belgique francophone*, dans *L'onomastique, témoin de l'activité humaine. Colloque du Creusot (30 mai-2 juin* 1984), Fontaine lès Dijon, ADBO, 1985, p. 277-281.

Michel DORBAN. *L'attribution du prénom: une histoire ?,* dans *Naître autrefois. Rites et folklore de la naissance en Ardenne et Luxembourg,* Bastogne, Musée en Piconrue, 1993, p. 87-92.

Maurice GILLET. *Le dico des prénoms bavards. Petits noms, grande langue !* Namur, Fac Diffusion, 2005.

Jules HERBILLON (avec Omer JODOGNE). *Les prénoms wallons* [questionnaire]. BVLg 1, n° 26 (1935), p. 412-413.

Jules HERBILLON. *Prénoms de Wallonie.* Art et tourisme 4 (1949), nov.-déc., p. 6-7.

Louis MICHEL. *Esquisse méthodologique et Plan-questionnaire d'anthroponymie sociologique.* Actes et mémoires du 1er Congrès international de Toponymie et d'Anthroponymie (Paris, 1938), Paris, 1939, p. 127-135.
C.r. : J. Haust, BTD 13 (1939), p. 245.

Louis MICHEL. *Pour une conception sociologique de l'anthroponymie.* Comptes rendus du 1er Congrès international du régionalisme (Bruxelles, 1938), Gembloux, Duculot, 1938, p. 222-247.
C.r. : J. Haust, BTD 12 (1938), p. 410-1.

Louis MICHEL. *Un aspect de l'étude sociologique de la vie régionale : l'anthroponymie.* Premier Congrès international du régionalisme (Ath, 1937). Compte rendu et communications, Bruxelles, 1938, 26 p.

Jacques POHL. *Les toponymes employés comme prénoms.* Annales du 11e Congrès ICOS (Sofia, 1972), t. II, p. 147-163.

Auguste SOUPART. *Lexique grammatical des prénoms latin-français.* Bulletin généalogique hainuyer, n° 49 (2002), p. 6-9.

O. Vanmuysen. *Les prénoms féminins en* –on *et en* –ot. Mémoire de licence, Université de Gand, 1953-54.

5.2. *Les prénoms et noms de baptême sous l'Ancien Régime*

Paul Bertholet. *La vie à Verviers au XVIIe siècle : histoire familiale (les de Sonkeux) et démographie historique*. BSVAH 60 (1978), 216 p. [Les prénoms de 1630 à 1695 : p. 135-142 + annexes].

Jean-Paul Bougard. *Les prénoms à Wasmes et Warquignies, XVIIe-XIXe siècles*, dans *Le prénom: mode et histoire (Entretiens de Malher, 1980)*, Paris, 1984, p. 271-279.

Marie-Christine Connart. *Le choix des prénoms à Moustier (Hainaut) de 1700 à 1794*. Mémoire de licence en Histoire, UCL, 1977.

Michel Dorban. *Géographie différentielle des mentalités. Réflexions méthodologiques à partir de l'attribution du prénom en Hainaut et en Namurois (1780-1805)*. BTD 62 (1989), p. 163-192.

Arnould Froment et Jules Herbillon. *Les prénoms à Walcourt [Ph 21] de 1597 à 1796*. DBR 17 (1960), p. 113-122.

Jean Germain. *Les prénoms à Namur de 1491 à 1699*. BTD 60 (1987), p. 23-81 = *Les prénoms à Namur aux XVIe et XVIIe siècles*. Actes du XVIe Congrès international des Sciences onomastiques (Québec, 1987), Québec, Presses de l'Université Laval, 1990, p. 273-286.

André Lépine. *Matagne-la-Petite : noms de famille et prénoms au XVIIIe siècle*. EFth 32 (1999), n° 122, p. 47-51.

Yves Moreau. *Les prénoms en usage à Liège durant la première moitié du XVIIe siècle*. BTD 61 (1988), p. 67-89.

Léon Roy. *Les prénoms latins des registres paroissiaux et le choix du prénom autrefois*. Genval, Atelier de généalogie de Rixensart, 2004.

5.3. *La mode des prénoms originaux et curieux*

Arthur Balle. *Prénoms curieux de Cerfontaine [Ph 45]*. DBR 6 (1947), p. 28-32.

Arthur Balle. *Prénoms curieux de Froidchapelle [Th 63]*. DBR 6 (1947), p. 179-180.

Arthur Balle. *Prénoms curieux de Peissant [Th 20] ; Prénoms curieux de Longueville [Ni 45]*. DBR 7 (1948), p. 55-56.

Arthur Balle. *Prénoms curieux de Silenrieux [Ph 28]*. DBR 8 (1950-51), p. 148-150.

Jules HERBILLON. *Prénoms curieux de la Gaume, du Hainaut et de la Picardie.* RIO 10 (1958), p. 169-172 et 299-303.
C.r.: É. Legros, BTD 33 (1959), p. 279-280.

Jules HERBILLON. *Prénoms curieux de Wallonie, de Picardie et de Normandie.* RIO 11 (1959), p. 149-152.

* * * * *

É. GÉRARD. *A Yves[-Gomezée], un secrétaire communal pince-sans-rire* [qui attribuait des prénoms drôles]. Èl Bourdon n° 310 (nov. 1978), p. 33-34.

Jules HERBILLON. *Garçon ou fille ? Des prénoms ambigus.* BVLg 10 (1984), n° 224, p. 474-476.

Ed. LAURENT. *Au païs des tchèr bûre* [formes dialectales archaïques de prénoms]. GW 1 (1924-25), p. 122-123.

5.4. *Études et statistiques sur la prénomination aux XIXe et XXe siècles*

5.4.1. *Province de Liège*

Albin BODY. *Vocabulaire des poissardes* [à Liège, Verviers, Spa et Malmedy]. BSLW 11 (1867), p. 186-242 [concerne aussi les prénoms en région liégeoise].

Léopold CHAUMONT et Joseph DEFRÊCHEUX. *Les prénoms liégeois et leurs diminutifs recueillis et mis en ordre.* BSLW 28 (1890), p. 9-27.

Louis REMACLE. *Le parler de La Gleize,* Liège, Vaillant-Carmanne, 1937, p. 203-226 (Les prénoms).

5.4.2. *Province de Luxembourg*

Jean-Marie DUVOSQUEL. *Prénoms d'état civil, prénoms de baptême et prénoms usuels. Aperçu de la pratique au village de Hatrival en 1881-1885,* dans *Naître autrefois. Rites et folklore de la naissance en Ardenne et Luxembourg,* Bastogne, Musée en Piconrue, 1993, p. 93-95.

5.4.3. *Province de Namur*

Arthur BALLE (avec Jules HERBILLON). *Les noms de personnes à Cerfontaine. II. Les prénoms.* DBR 8 (1950-51), p. 90-121.

Maryvonne HOUBION. *Les prénoms à Malonne au XIXe s.* Mémoire de licence UCL, 1969.

Jean-Marie PIERRET. *Les prénoms à Malonne [Na 92] au XIXe siècle.* Annales du XLIVe Congrès de la Fédération des Cercles d'archéologie et d'histoire de Belgique (Huy, 1976), t. 2, 1978, p. 636-640.

Lucien LÉONARD. *Lexique namurois* ..., Liège, SLLW, 1969, p. 328-331 (Prénoms usuels et leurs diminutifs).

Jeanne PEETERS, *Les prénoms à Bioul au XXe siècle.* Mémoire de licence UCL, 1977, 2 fasc.

5.4.4. *Province de Hainaut*

Maurice-A. ARNOULD, *Une source de l'anthroponymie : les listes électorales. Application : les prénoms d'une commune du Borinage* [Jemappes en 1938]. Onomastica 1 (1947), p. 223-232.

Pascale DUTRY. *Les prénoms à Merbes-le-Château de 1833 à 1950.* Mémoire de licence UCL, 1982, VIII-72 p.

Michel FOULON et Michel POULAIN. *Distributions statistiques des prénoms à Tournai au XIXe siècle,* dans *Le prénom : mode et histoire (Entretiens de Malher, 1980),* Paris, 1984, p. 127-143.

Michel POULAIN et Michel FOULON. *Quelques éléments de description et de comparaison des distributions statistiques de prénoms appliqués à 14.000 nouveau-nés de la ville de Tournai entre 1821 et 1960.* Louvain-la-Neuve, Cabay (UCL. Département de démographie), 1980, 19 p.

Joseph ROLAND. *Prénoms familiers et sobriquets gerpinnois,* dans *Miscellanea ... J. Gessler,* Deurne, Govaerts, 1948, t. 2, p. 1061-1065.

Raoul SCLAVONS. *Une anomalie dans le choix des prénoms à Quévy-le-Grand au XIXe siècle.* Les dix clochers (Quévy), n° 7 (déc. 1993), p. 219-225.

5.4.5. *Province de Brabant wallon*

Joseph COPPENS. *Anthroponymes de Nivelles en 1962* [Noms de famille et prénoms]. DBR 23 (1966), p. 206-211 = Rif tout dju n° 100 (juin 1966), p. 85-90.

Georges DE LEENHEER. *Statistiques sur les prénoms d'Archennes et de Maransart* [avec indications sur la diffusion du prénom Ghislain]. Wavriensia 21 (1972), n° 6, p. 153-155.

Bernadette VAN LEEUW. *Michel, André, Joseph et les autres. Les prénoms à Ottignies de 1900 à 1980,* Mémoire de licence UCL, 1986, 2 vol. – [Résumé dans] Tradition wallonne, t. 8 (1991), p. 183-189.

5.5. *Études sociolinguistiques sur la prénomination*

Odon LEYS et Françoise ERNOULD, *Aspects sociolinguistiques des noms de personne modernes en Wallonie et en Flandre,* dans *Mélanges ... offerts au Prof. H. Draye,* Louvain, 1978, p. 119-127.

Une quinzaine de mémoires de licence en philologie germanique réalisés à l'UCL sous la direction du Prof. Odon LEYS entre 1977 et 1984, et relatifs à diverses communes de Wallonie portent le titre uniforme, avec de légères variantes, *Een sociolinguistisch onderzoek naar de voornamen in de gemeente van ... (periode 1960-1975)* :

Aiseau-Presles, par Anne-Marie BOSCARDIN, 1980.
Arlon, par Patrick KRESS, 1980.
Ath, par Anne SQUOQUART, 1978.
Beaumont et Sivry-Rance, par Christine JEUNEHOMME, 1979.
Bertrix, Bouillon et Libramont, par Martine DENIS, 1977.
Charleroi (periode 1970-1980), par Monique BERLIER, 1983.
Dinant, par Geneviève LAMAILLE, 1978.
Le grand Jurbise, par Isabelle GOSSART, 1980.
Lessines et Deux-Acren, par A. DELHOVE, 1978.
Luingne-Herseaux-Dottignies (periode 1970-1980), par Philippe VERHOST, 1984.
Marchienne-au-Pont, par Dominique ZIMMER, 1980.
Namen (Namur), par Françoise ERNOULD, 1977.
Ouffet et Clavier, par Cécile TERWAGNE, 1979.
Pâturages, par Marie-Hélène NENQUIN, 1980.
Rochefort et Jemelle (periode 1963-1980), par Marie-Jeanne BASTIN, 1983.
Saint-Hubert et Sainte-Ode, par Michelle BILAS, 1980.
Solre-sur-Sambre et Erquelinnes, par Jean DEROO, 1979.
Tintigny et Habay, par Anne-Marie LANOTTE, 1980.

5.6. *Prénoms individuels*
[par ordre alphabétique des prénoms]

Jules HERBILLON. *Les prénoms féminins* Aguisse *et* Agathe. VW 59 (1985), p. 51-53.

Anne RAFIN. *Étude sur les prénoms* Albert, Élisabeth, Léopold, Astrid, Liliane *et* Baudouin *dans quelques communes belges de 1908 à 1950.* Mémoire de licence ULB, 1973.

Arille CARLIER. Arille, *prénom nivernais.* FB 19 (1939), p. 275.

Émile Boisacq. *Les noms de personnes à deux éléments et l'origine du nom d'Astrid.* RbPhH 5 (1926), p. 933-939.

Émile Boisacq. *Le prénom* Astrid *en Flandre.* FB 7 (1926-27), p. 262-3.

Jules Herbillon. *Prénom* Carmen. VW 58 (1984), p. 131.

Jules Herbillon. *Pour le centenaire de Victor Hugo :* Cosette. BVLg 11, n° 229-230 (1985), p. 79.

Jules Herbillon. *Le prénom féminin* Dina. VW 59 (1985), p. 120-121.

Antoine Grégoire. « Edmond ». *Essai sur les transformations d'un prénom d'enfant.* Bulletin de la Classe des Lettres et des Sciences morales et politiques et de la Classe des Beaux-Arts, 5e série, t. 1 (1911), p. 358-395.

Antoine Grégoire. Edmond-Puxi-Michel. *Les prénoms et les surnoms de trois enfants.* Liège, Paris, Droz, 1939, 188 p. (Bibliothèque de la Faculté de Philosophie et Lettres de l'Université de Liège, 86).

Jules Herbillon. *Le prénom* Fabiola. VW 60 (1986), p. 163-164.

Arille Carlier. *Réflexion sur le vocabulaire :* Swèsse – *Françoise* ? MA 48 (1960), p. 146-147.

E. Passagez. *Saint Ghislain en Hainaut et en Brabant.* Wallonia 6 (1898), p. 161-165.

Albert Doppagne. *Diffusion en Belgique romane du prénom accessoire* Ghislain. Onomastica 1 (1947), n° 3-4, p. 243-251 = Actes du 2e Congrès international de Toponymie et d'Anthroponymie (Paris, 1947).

Jean Germain. *Le prénom* Hubert *en Namurois*, dans *Le culte de saint Hubert en Namurois,* Bruxelles, Crédit communal, 1992, p. 129-131.

Auguste Vincent. *Le nom de* Hubert *dans les noms de familles belges.* Bulletin de la Ligue des Amis de la forêt de Soignes, 1953, p. 26-28.

Jules Herbillon. *Un prénom régional :* Ismérie. VW 44 (1970), p. 149-151.

Jules Herbillon. Jules*, un prénom déprécié.* BVLg 10, n° 223 (1983), p. 448.

Marie-Sylvie Dupont-Bouchat. *Dans le sillage des Carmes de Marlagne:* Joseph *et* Josèphe *au hit-parade des prénoms wépionnais (XVIIe et XVIIIe siècles).* Wépion 2000, n° 100 (1986), p. 360-5.

Joseph Mansion. *Note onomastique* [Louis et Geneviève], dans *Mélanges Paul Thomas*, Bruges, Impr. Ste Catherine, [1930], p. 506-511.

Jules Herbillon. *Les prénoms* Marion, Mayon, Magnon, Manon. VW 56 (1982), p. 266-267.

Jules Herbillon. Mireille *ou la naissance d'un prénom.* VW 56 (1982), p. 53-54.

Jacques POHL. « Napoléon » [comme prénom] *à Bruxelles et dans l'Empire (1800-1840)*. Onomastica 2 (1948), p. 249-256.

Martin WITTEK. *Recherches sur l'étymologie du nom de* Napoléon. Leuven, chez l'auteur, 1977, 27 p.

Jules HERBILLON. *Un prénom méconnu :* Pontus. VW 60 (1986), p. 164-165.

Rita LEJEUNE. *La naissance du couple littéraire* « Roland et Olivier », dans *Mélanges … Henri Grégoire*. Annuaire de l'Institut de philologie et d'histoire orientales et slaves 10 (1950), p.371-401.

Jean STIENNON. *Des couples* Roland *et* Olivier *en Hesbaye hutoise (XVe-XVIIe siècles)*. BVLg 10 (1982), n° 216, p. 160-1.

Arille CARLIER. *Un prénom curieux :* Valmy. FB 19 (1939), p. 274-5.

Valmy FÉAUX. *Valmy. Une bataille, un prénom, une réflexion*. Bruxelles, Labor, 1988.

Lucy TONDREAU. *Les Waudru montoises* [PN Waudru à Mons]. ACAM 68 (1971-72), p. 195-197.

6. Les sobriquets modernes

6.1. *Répertoires par provinces* [par ordre alphabétique des communes]

6.1.1. *Province de Liège*

Jules PEUTEMAN, *Tablettes archéologiques*. XX. *Une gerbe de sobriquets* [du 15e au 19e s., à Cornesse, Soiron et Xhendelesse]. BVLg 4, n° 93 (mai-juin 1951), p. 49-53. – Repris dans *Histoire d'Ensival*, Verviers, 1953, p. 86-87.

Jean-Denys BOUSSART. *La Basse-Meuse, haut lieu de la tradition populaire*. I. *Haccourt : sobriquets, blasons populaires*. Li Clabot 2 (1970), n° 5-6, p. 3-4.

Louis REMACLE. *Le parler de La Gleize*, Liège, 1937, p. 226-230 (Les sobriquets modernes).

Fré Max [Sylvain MICHEL]. *Les sornoms* [à Malmedy]. *Lu Vî Sprâwe* 41 (déc. 1988), p. 36-38.

Maurice PONTHIR. *Sobriquets de Montegnée [L 61]*. DBR 12 (1955), p. 54-83.
C.r.: É. Legros, BTD 30 (1956), p. 339-340.

Louis GURNY. *Enquêtes dialectologiques sur la commune de Pellaines*. Thèse de doctorat UCL, 1932, 7 cahiers non paginés [cahier n° 6 consacré aux noms de famille, prénoms et sobriquets].

Albert BAGUETTE. *Sobriquets à la Queue-du-Bois et aux environs.* BVLg 11 (1987), n° 239, p. 318-320.

Léon MARQUET. *Surnoms et sobriquets* [à Spa]. Réalités (mensuel de Spa), n° 45 (juin 1986), p. 19-23.

Raymond MATHU. *Les surnoms de Visé.* Liège, chez l'auteur, 1962, 13 p.

Marie-Guy BOUTIER. *Enquête sur les surnoms visétois.* Post-Scriptum. Visé-Magazine, 1987, n° 4-5-6.

6.1.2. *Province de Luxembourg*

Raymond RATY. *Sobriquets et surnoms d'Arlon.* Arlon, 1975, 48 p. – J.V. et R.R., 2e éd., Arlon, G. Everling, s.d., 48 p. (Coll. Le Vieil Arlon).

René STEIMES, Pierre HEINTZ et Pol DESLOGES. *Sobriquets et surnoms d'Arlon.* 3e éd. Arlon, G. Everling, 1980, 61 p. (Coll. Le Vieil Arlon).

Michel ANSELME et Didier BELIN. *Les sobriquets de Bertrix (Ne 44) et de Folx-les-Caves (Ni 85).* BTD 61 (1988), p. 91-107.

Constant HABAY. *Quelques sobriquets wallons de l'ancienne commune de Bihain (Vielsalm).* GSHA 31 (1989), p. 64-79.

Jean-Louis LAURENT. *Les sobriquets dans un village du centre de la Gaume: Èthe (Vi 33).* Annales du XLIVe Congrès de la Fédération des Cercles d'archéologie et d'histoire de Belgique (Huy, 1976), t. 2, 1978, p. 641-644.

Jean-Pol WEBER. *Les sobriquets wallons* [d'Houffalize]. Segnia (Houffalize), 4 (1979), fasc. 1, p. 7-10.

Jacques COUSIN, *Les sobriquets modernes de Marche-en-Famenne.* Mémoire de licence ULg, 1970, 124 p.

Jean-Pierre SERVAIS. *Les sobriquets de Saint-Hubert.* Mémoire de licence ULg, 1964, 128 p. – *Les sobriquets de Saint-Hubert.* Saint-Hubert d'Ardenne 4 (1980), p. 171-214.

6.1.3. *Province de Namur*

Lucien LÉONARD. *Lexique namurois ...*, Liège, SLLW, 1969, p. 331-333 (Sobriquets d'Annevoie, Bioul et Warnant).

Arthur BALLE. *Les noms de personnes à Cerfontaine.* III. *Surnoms et sobriquets.* DBR 10 (1953), p. 108-120.

Charles BRUNEAU. *Les sobriquets modernes dans le village wallon de Chooz* [départ. Des Ardennes], dans *Mélanges de linguistique romane offerts à M. Jean Haust,* Liège, 1939, p. 55-69.
C.r. : M. Piron, BTD 14 (1940), p. 372-3.

Arthur POTIER. *On drôle di sondje ! Revue-monologue sur les sobriquets et lieux-dits de Ciney-en-Condroz* [édité par Jules LESUISSE]. Cercle Culturel Cinacien n° 122 (2011), p. 77-108.

Jean GERMAIN. *Surnoms d'hier et d'autrefois* [à Crupet], dans *Crupet. Un village et des hommes en Condroz namurois*, sous la direction de J. GERMAIN et al., Namur, SAN, 2008, p. 637-644.

Marie-Nathalie TASSEROUL. *Sobriquets de Dave* [avec introduction par Jacques WILLEMART]. Pays de Dave, 1983, n° 48, p. 20-24; n° 49, p. 11-14 ; n° 50, p. 25-27.

Lucien NAMÊCHE. *Lès sauvadjes noms èt lès spots* [à Floreffe]. CW 1969, n° 8, p. 174-6.

Aimée CHARLIER. *Répertoire des « spots » et ... petite chronique de Fraire.* Fraire, Association pour la sauvegarde de la mémoire et du petit patrimoine de Fraire, 2004, 37 p.

Anonyme (Li vî soçon). *Les « spots » de Ligny.* Èl Bourdon n° 311 (déc. 1978), p. 22-23 ; n° 312 (janv. 1979), p. 23-24 ; n° 313 (févr. 1979), p. 25-26.

Claude MOUCHET. *Les surnoms à Morialmé.* Èl Bourdon 32 (1980), n° 327, p. 25.

Gérard BAUDREZ. *Essai de contribution à l'histoire de Oignies.* II : *La brasserie ..., les sobriquets.* Oignies-en-Thiérache, Maison des jeunes de Viroinval, 1993, 97 p.

Jean GERMAIN. *Littérature populaire et sobriquets à Omezée [Ph 43].* Nords II/2-3 (1975), p. 60-61.

Ferdinand NICOLAS. *Pesches, hier et aujourd'hui ...*, Vieux-Virton, La Dryade, 1981, p. 271-275 (Sobriquets et surnoms).

Michelle et Lucette JACQUET. *Les « spos » à Presgaux.* EFTh n° 26 (1974), p. 17-19 ; n° 31-32 (1975), p. 8-11 ; n° 46 (1979), p. 3-10.

André LÉPINE. *Quelques surnoms de Senzeilles / Quelques surnoms de Soumoy*, dans *Folklore de l'Entité cerfontainoise. Cahier cerfontainois* n° 3 (1983), p. 36-37 et p. 41.

Jean GERMAIN. *Noms et surnoms, autrefois et hier* [à Spontin], dans *Spontin d'eau et de pierre. Un village millénaire au centre de la Wallonie*, éd. par J. GERMAIN et L. GENETTE, Spontin, 2004, t. I, p. 415-429.

Jules CARETTE. *Tamines 1900-1962. Folklore wallon* [surnoms et lieux-dits]. Èl Bourdon 15 (1964), du n° 175 à n° 181.

René ROCHEZ. *Sobriquets de Vencimont.* Bulletin du cercle d'études historiques de Gedinne, n° 6 (décembre 1997), p. 16-17.

Jacques BERNARD. *Villers-le-Gambon, terre wallonne.* S.l., chez l'auteur, 1974-77, 2 vol. [Sobriquets : vol. 1, p. 30-34].

René ADAM. *Les sobriquets d'Yves-Gomezée.* L'Antiquaire 3 (1962), n° 4, p. 72-76.

6.1.4. *Province de Hainaut*

Esther BAIWIR. Un type picard par-delà les frontières : le <nom jeté> [avec compléments sur le type <sobriquet>]. DW 36 (2016), p. 5.

Willy BAL. *Surnoms et sobriquets de l'Ouest-Wallon.* Akten des VI. Internationalen Kongress für Namenforschung = ICOS (München, 1958), München, 1961, t. 2, p. 101-105 [Concerne plus de 5000 surnoms recueillis dans 29 villages; les dossiers d'enquêtes dans ces communes sont conservés dans le Fonds d'archives Willy Bal.].
C.r.: J. Herbillon, BTD 37 (1963), p. 250-1.

Maryse BOUDARD et André CRASQUIN. *Surnoms et sobriquets en Hainaut.* Association généalogique Flandre Hainaut. Généalogie et histoire. Bulletin trimestriel, n° 117 (mars 2013), p. 17-19.

Arille CARLIER. *Les noms de personnes et sobriquets en Wallonie.* Manuscrit (non conservé ?), 1933.

Arille CARLIER. *Sobriquets de Monceau-sur-Sambre / Wanfercée-Baulet / Leernes / Goutroux / Landelies / Montignies-le-Tilleul / Couillet / Lobbes.* Èl Bourdon 6 (1954), p. 127-8, 151-2, 167, 191-2, 237, 271 ; 7 (1955), p. 11, 37, 83, 110, 138 ; 8 (1956), p. 65, 88, 149, 183, 198, 227, 237.

Robert DASCOTTE. *Une formation de sobriquets.* MA, n° de février 1966, p. 23.

Nènè [René PAINBLANC]. *In parlant spots. Qué pèkéye* [formation de sobriquets]. MA 51 (1963), p. 143-144.

Fernand ROSSIGNOL. *Les sobriquets borains chantés par Henri Tournelle.* Le Borain, n° 179 (2011), p. 7.

Adof Sûrpun [Eugène DEVELEER]. *Naissance, vie et survie de nos sobriquets.* MA 67 (1979), n° 3, p. 55.

* * * * *

Delphine STIÉVENART. *Les sobriquets à Angre, Montignies-sur-Roc et Onnezies (commune de Honnelles). Étude onomastique.* Mémoire de licence UCL, 2010, 192 p.

Jean LEBLOIS. *Basècles : noms de famille et sobriquets.* Basècles, 1991, 4 fasc.

Jean LEBLOIS [et al]. *Avée in sobriquet ?* [les sobriquets à Basècles]. Coup d'œil sur Beloeil, vol. 12, n° 92 (2002/4), p. 250-255.

André OLIVIER. *Les sobriquets de Belœil.* Coup d'œil sur Belœil, vol. 13, n° 98 (2004/2), p. 150-155.

Didier BOULONGNE et Eddy BROSICKE. *Les sobriquets à Bernissart. Mercuriale. Cercle d'histoire et d'archéologie Louis Sarot.* Mélanges XXVIII, n° 30 (déc. 2012), p. 63-68.

Louis SARTOT, André LIMELETTE et Gilbert MAYEUR. *Blaton : son histoire, son église.* Blaton, Syndicat d'initiative, 1970, p. 65-66 (Sobriquets).

Jean-Luc DUBART. *Les sobriquets de Bléharies* [inédit]. 1995.

Chantal DEMARET. *Où on parle de spot* ... [les sobriquets à Boussoit]. Le Buxinien (Boussoit-sur-Haine), t. 2, n° 4 (oct. 2002), p. 9-10 ; t. 3, n° 1 (janv. 2003), p. 5-6.

Ivan LEFEBVRE. *Quelques sobriquets de Brugelette du XIII*e *siècle à nos jours.* Recueil édité par Marc LEFEBVRE et Christian CANNUYER. Brugelette, 2003, 60 p. (Monographies brugelettoises «Marcel Thémont», 15) [Avec compléments sur les sobriquets des autres villages de l'entité: Attre, Cambron-Casteau, Gages et Mévergnies].

Jules PHILIPPE. *Notre village* [Carnières] *et ses sobriquets.* Les Feuillets carniérois 1981, du n° 33 au n° 36.

Bernard GILLE. *Au temps des spots* [à Châtelet]. AVCh 16 (1976), p. 5-6.

Émile LEMPEREUR. *Quelques sobriquets modernes de Châtelet (Ch 61),* dans *Langues et cultures. Mélanges offerts à Willy Bal,* Louvain-la-Neuve, Cabay, vol. I/2 (= CILL 9.1-2), 1984, p. 115-121.

Émile LEMPEREUR. *Anthroponymie châtelettaine* [avec Note préliminaire relative au classement de Marie-Guy BOUTIER]. DW 25-26 (1997-1998), p. 163-234.

André GOS. *Les spots à Tchèss'linia* [sobriquets à Châtelineau]. AVCh 42 (23002), p. 28.

Léon JOUS. *Gens de chez nous* [sobriquets aux Écaussinnes]. *Le Val vert,* n° 172 (2015), p. 125-130; n° 173 (2016), p. 4-9; n° 174, p. 45-48 ; n° 175, p. 92-96; n° 176, p. 121-126.

Jean RIVIÈRE. *Au temps des sobriquets d'Ellezelles.* Lahamaide, Écomusée du Pays des Collines, 2000.

Michel DEPLUS. *Les gens d'Ellignies-Sainte-Anne, leurs sobriquets d'avant 1940-1945.* Coup d'œil sur Belœil 16 (2009), n° 120, p. 112-115.

Jules DURAN. *Surnoms enghiennois.* BCAE n° 63-64 (nov. 2009), p. 6-19.

Alain GRAUX. *Les sobriquets ... à Feluy (sous l'Ancien Régime).* L'Écho de l'histoire (Seneffe), 1 (1983), n° 24, p. 17-18.

Arille CARLIER (?). *Les sobriquets de Fleurus*. Èl Bourdon 7 (1955), p. 164.

Roland POLIART. *Les « sobriquets ou spots » de l'entité* [de Fontaine-l'Évêque]. Cercle d'histoire et d'archéologie de Fontaine-l'Évêque, n° 32 (déc. 2013), p. 11-16.

Joseph ROLAND. *Prénoms familiers et sobriquets gerpinnois,* dans *Miscellanea J. Gessler,* Deurne, 1948, t. 2, p. 1061-1065.

F. VANDERLINDEN. *Saquants spots d' Djili*. Èl Bourdon 31 (1979), n° 319, p. 24-25.

Jénius LORIAUX. *Saquants spots d' Djilî* [Gilly]. Èl Bourdon 32 (1980), n° 329, p. 28-29.

Achille VAN CALSTEREN. *D'autres « spots » de Gilly*. Èl Bourdon 32 (1980), n° 331, p. 23-25.

Jules DEHON. *Les « spots » de Gosselies*. Charleroi, ALWCh, 1977. – Repris dans : Jules DEHON et Émile HENRY. *Gosselies qui fut ville (980-1976). Ses spots* ... 2e éd., Charleroi, ALWCh, 1981.

Hubert OUTLET. *Lès spots d' Saint-Piére èt Saint-Paul*. MA, mars 1932, p. 14-16; avril 1939, p. 25; mai 1939, p. 28.

Willy BAL. *Les sobriquets en usage à Ham-sur-Heure*. VW 24 (1950), n° 251, p. 201-212.
C.r.: É. Legros, BTD 25 (1951), p. 230.

Èl Bècbos [= Eugène DEVELEER]. *Quelques sobriquets de Houdeng-Aimeries*. MA 60 (1972), n° 3, p. 42. – *Sakants spots d'Oudè*. MA 70 (1982), n° 3, p. 54-55.

H. TEMPERMAN. *Histoire des communes rurales de Hoves et de Graty*. ACAE 17 (1973-75), p. 118-121 (Sobriquets ou « spots »).

Willy BAL. *Les sobriquets modernes à Jamioulx*. Pro Wallonia 5 (1940), p. 19-25.
C.r. : M. Piron, BTD 15 (1941), p. 263-4.

Victor FIÉVEZ. *Les sobriquets du village de Jurbise en 1856*. BCAA 10, n° 229 (2006), p. 537-552.

Jean-Luc DUBART. *Les sobriquets de Lesdain* [inédit]. 1995.

André LAVRILLÉ. *Les sobriquets de Lessines. Enquête dialectale (avant 1973)*. BCAA 4 (1980), n° 76, p. 146-180 ; 5 (1984), n° 102, p. 210-217.

Anne LAMBERT et Lucien MICHAUX. *Miettes d'histoire de Mellet. Les surnoms, « spot » ou sobriquets de nos ancêtres : origine d'un spot de Mellet ; un mystère enfin éclairci*. Société royale d'archéologie, d'histoire et de paléontologie de Charleroi. Bulletin trimestriel, n° 1 (janvier 2014), p. 14-15.

André LÉPINE. *Sobriquets de Momignies*. Les Échos de la Société d'histoire régionale de Rance ..., n° 375 (2008), p. 7-11.
Louis GOFFIN. *Folklore de Monceau-sur-Sambre. Sobriquets bizarres.* L'Antiquaire 7 (1966), n° 3, p. 73-76.
Louis GOFFIN. *Quelques « spots » de Monceau-sur-Sambre* ... Èl Bourdon 32 (1980), n° 331, p. 27-29 ; 34 (1982), n° 344, p. 31-34.
Anonyme. *Les spots* [à Montigny-sur-Sambre]. Èl Bourdon 2 (1950), n° 13, p. 21.
Edmond YERNAUX et Fernand FIÉVET. *Folklore wallon* [de Montignies-sur-Sambre], Charleroi, 1956, p. 57-64 [prénoms et spots ou surnoms].
Jules SOTTIAUX. *Histoire de Montigny-le-Tilleul.* Marchienne-au-Pont, Lambillon, 1946, chap. XI, p. 273-4 et 281-4 (sobriquets et gentilés).
Léon MAES. [Les *noms j'tés* ou sobriquets locaux à Mouscron]. La Frontière (Mouscron), 1944, nov; et déc.: 1945, n° 1, 4, 6, 21 et 29. C.r. : É. Legros, BTD 19 (1945), p. 178; 20 (1946), p. 318.
Jules DEBAES. *Mouscron des années 1870 à 1900*. Mémoires de la Société d'histoire de Mouscron et de la région, t. 3/fasc. 2 (1981), p. 123-202 [concerne e.a. les surnoms et les prénoms].
Armand LAMBILLOTTE. *Les spots à Obaix.* Rif tout dju 162 (oct. 1972), p. 32; 164 (déc. 1972), p. 14; 169 (mai 1973), p. 10; 170 (juin 1973), p. 27.
Valère MAGRITTE. *Analyse de quelques proverbes et surnoms wallons de chez nous* [Pont-à-Celles]. Cella, n° 107 (2006), p. 31-32.
Ernest GRAVY. *Les sobriquets de Presles.* Èl Bourdon 33 (1981), n° 338, p. 33-34. – *Presles : les sobriquets.* Presles, chez l'auteur, 1981, 58 p.
Bernard DUHANT. *Les gens de Quevaucamps : leurs sobriquets depuis 1791*. Quevaucamps, Association pour la sauvegarde du patrimoine de Belœil, 1977, 96 p. – 2ᵉ éd. revue et augmentée, 1996.
R. FRONVILLE. *Les « spots »* [à Quévy] *; une certaine poésie du langage.* Les dix clochers (Cercle d'histoire ... de Quévy), n° 30 (sept. 1999), p. 23-27.
Anonyme. *Quelques sobriquets de Rance.* Les Échos de la Société d'histoire régionale de Rance ..., n° 380 (2009), p. 6-8.
Christian DUBOIS. *Sobriquets de Rèves.* Journal de Resves, n° 82 (mars 2015), p. 11-28.
Jules CARETTE. *Les « spots » de Roselies.* Èl Bourdon 7 (1955), n° 67, p. 60.
Arille CARLIER et Pierre FAULX. *Sobriquets de Roux-sous-Heigne.* Èl Bourdon 11 (1960), n° 126, p. 32 ; n° 127, p. 58-60.

Léon Laga. *Les sobriquets* [à Saint-Ghislain]. Miettes d'histoire de Saint-Ghislain, fasc. 3 (1969), p. 9-11.

Anne-Marie Fossoul-Risselin. *Le vocabulaire de la vie familiale à Saint-Vaast (1890-1914)*, Liège, Michiels, 1969, p. 147-151 (Prénoms wallons et sobriquets).

Léon Delferière. *Enquête linguistique sur le patois de Soignies à l'époque actuelle*. Thèse de doctorat UCL, 1927, 10 cahiers [le cahier n° 2 comprend un « Glossaire onomastique » consacré en partie aux prénoms, noms de famille et surnoms].

Ursmar Fiérain. *Les « spots » d' Sougnî* [Soignies]. MA 66 (1978), du n° de juin au n° de novembre.

Nathalie Bergeret. *Les sobriquets à Soignies*. Mémoire de licence UCL, 1988, 144 p.

René Rapin. *Sobriquets de Souvret*. Èl Bourdon 33 (1981), n° 338, p. 21.

Anonyme. *Thuin. « Spots » du bon vieux temps*. La Nouvelle Gazette (Charleroi), n° des 1-2 et 3 janvier 1962.

Abel Massart. *Les spots à Trivières*. MA 61 (1973), n° 4, p. 64-65 ; n° 6, p. 109.

Anonyme. *Les Spots di Baulet* [sobriquets de Wanfercée-Baulet]. Société d'histoire, arts et folklore des communes de Fleurus. Bulletin, n° 47 (2012), p. 33-37.

Emmanuel Laurent. *Contribution à l'anthroponymie wallonne. Les sobriquets de Wasmes (Borinage)*. ACAS 9 (1943), p. 74-91.
C.r. : É. Legros, BTD 19 (1945), p. 178.

Jean-Marie Kajdanski. *Un autre état civil. Surnoms et sobriquets dans une commune de la Wallonie picarde : Wiers*. Péruwelz, Éd. Perspective, 2011, 156 p. – Publié précédemment dans la revue Cercle d'histoire et d'archéologie des Deux Vernes, n° 21 (mars 2003), p. 10-13 ; n° 22 (juin 2003), p. 23-28 ; n° 25 (juin 2004), p. 19-22.

Gérard Cotton. *Les sobriquets de Wodecq [A 7]*. DBR 8, n° 2-3 (1951), p. 122-142.
C.r.: É. Legros, BTD 26 (1952), p. 402.

6.1.5. *Province de Brabant wallon*

Léon Roy [et al.]. *Les sobriquets d'autrefois au Roman Pays*. Genval, Cercle d'histoire de Rixensart, [2001], 55 p. [Concerne des localités des communes de Beauvechain, Genappe, Hélécine, Lasne, Ottignies, Rixensart et Wavre].

Robert HAULOTTE. *Mémoire wallonne. Sacants spots d'avaur'ci* [Dion-Valmont]. Dion-Valmont, Cercle historique de Chaumont-Gistoux, 2001, 12 p.

Michel ANSELME et Didier BELIN. *Les sobriquets de (...) Folx-les-Caves (Ni 85)*. BTD 61 (1988), p. 91-107.

Didier BELIN. *Souvenances ... Folx-les-Caves. 1. Ses habitants (1750-1950). Étude généalogique, anthroponymique, dialectologique*. Wavre, chez l'auteur, 1990, p. 239-243, 275-277 (Les sobriquets).

Maurice GODEAU et Jean-Paul CAYPHAS. *Sobriquets, métiers et anecdotes à Haut-Ittre*. Entre Senne et Soignes 27 (1995), n° 81, p. 4-27.

Jean-Paul CAYPHAS. *Ittre : les sobriquets au village*. Entre Senne et Soignes 2 (1970), n° 7, p. 3-10.

Joseph COPPENS. *Les « spots » ou sobriquets nivellois*. Èl Bourdon 16 (1964), n° 184, p. 293-295 = Rif tout dju, n° 77 (avril 1964) = Rif tout dju, n° spécial hors série 324, avril 1990, p. 5-9.

Jean VANDENDRIES. *Si Nivelles m'était conté ... ou l'histoire des fils de Djan-Djan à travers mille et un « spots »*. Nivelles, Éd. de la Francité, 1990, 318 p.

Louis JADOT. *Enquête linguistique sur le patois d'Orp à l'époque actuelle*. Thèse de doctorat UCL, 1930, 5 cahiers [cahier n° 5 consacré aux prénoms (p. 462-8), noms patronymiques (p. 468-477) et sobriquets (p. 478-493)].

Jean-Paul CAYPHAS. *Les sobriquets à Virginal*. Entre Senne et Soignes 15 (1983), n° 44, p. 5-18.

A. BRION. *Wavre* [Les sobriquets des habitants de Wavre]. *Le Folklore brabançon* n° 211, juin 1977, p. 139-192.

6.2. *Études de sobriquets particuliers*

Charles BURY. *Un type populaire liégeois* [plusieurs articles sur divers noms]. BVLg 5 (1956-60), p. 51-2, 200-2, 234, 256, 477-8, 519-20.

Samuel GLOTZ. *« Binchou » comme surnom* [de boucher à Mons]. Les Cahiers binchois n° 1 (janvier 1978), p. 39.

Yves MOREAU. *Origine d'un sobriquet* [Le lundi]. EMVW 15, n° 173-176 (1982-83), p. 252-4.

Jacques POHL. *Les sobriquets scolaires en Belgique*. FM 14 (1946), p. 301-308.

C.r. : É. Legros, BTD 21 (1947), p. 184.

7. Les dénominations collectives : gentilés et blasons populaires

7.1. *Les gentilés*

7.1.1. *Études générales, répertoires*

Charles Defosse. *Gentilés, blasons populaires et chants folkloriques des terroirs de Semois et de Lesse*. Terres d'Herbeumont à Orchimont, 1992, n°17bis, p. 9-36.

Albert Doppagne. *Les noms des communes de la Belgique romane, leur graphie, leur prononciation et les gentilés (nom des habitants) correspondants*, dans *Disputationes ad montium vocabula...* Actes du 10e Congrès international de sciences onomastiques (Vienne, 8-13.X.1969), Wien, t. 2, p. 215-222.

Albert Doppagne. *Le nom des communes et de leurs habitants en Belgique romane*. Bruxelles, Institut de sociologie de l'ULB, 1970.

Jean Germain (avec la collab. de Françoise Echer). *Guide des gentilés. Les noms des habitants en Communauté française de Belgique*, Bruxelles, Service de la langue française, 2008, 112 p. – 2e tirage corrigé, 2009.

C.r. : E. Baiwir, *Wallonnes*, 2008/3, p. 13.

André Goosse. *Les gentilés*. La Libre Belgique (Bruxelles), 7 juillet 1969.

Lucien Hochsteyn. *Royaume de Belgique. Dictionnaire administratif, statistique et industriel des communes* ... Bruxelles, L. Hochsteyn, 1905.

A. Jadot. *Gentilés et blasons populaires*. Les Échos de Comblain, 57e année (2002), p. 66-67, 80, 84-85, 93-94 ; 58e année (2003), p. 6.

Jean-Marie Pierret. *À propos de nos gentilés et de Longolare*. Terre de Neufchâteau, 2007/2, p. 33-35.

Roland Poliart. *Liste de gentilés, suivie de leurs gentilés-spots* [dans les communes de l'arrondissement judiciaire de Charleroi]. Cercle d'histoire et d'archéologie de Fontaine-l'Évêque, n° 24 (janvier 2012), p. 9-12.

Lucien Roger. *À propos de gentilés et de sobriquets locaux*. BIAL, t. 6/ n°2 (1930), p. 25-27.

7.1.2. *L'ethnique* wallon

Albert Henry. Wallon *et* Wallonie. *Esquisse d'une histoire sémantique*. Bruxelles, Fondation Charles Plisnier, 1965, 48 p. (Études d'histoire

wallonne, 1). – *Esquisse d'une histoire des mots* Wallon *et* Wallonie. [2e éd.], Bruxelles, La Renaissance du Livre, 1974, 96 p. – 3e édition revue et augmentée, Mont-sur-Marchienne, Institut Jules Destrée, 1990, 152 p.
C.r. : É. Legros, BTD 42 (1968), p. 313.

* * * * *

Maurice-A. ARNOULD. *Un toponyme médiéval : « La Wallonie »*. EMVW 12 (1969-71) = *Mélanges ... Élisée Legros*, Liège, 1974, p. 85-105.
Jean GERMAIN. *Une attestation ancienne de* wallon. DW 10 (1982), p. 118-121.
Jean GERMAIN. *La pré-histoire latine du mot* Wallonie, dans *Images et paysages mentaux des 19e et 20e siècles, de la Wallonie à l'outre-mer : hommage au professeur Jean Pirotte à l'occasion de son éméritat*, Louvain-la-Neuve, PUL, 2007, p. 35-48.
Albert HENRY. *Jean Wauquelin et l'histoire du mot* « wallon », dans *Mélanges ... Paul Imbs*, Strasbourg, 1973, p. 169-175.
Albert HENRY. Wallon *et* Wallonie, dans *La Wallonie, le pays et les hommes. Lettres, arts, culture*, Bruxelles, [1977], p. 67-76.
Jules HERBILLON. *Note sur le mot* wallon. VW 46 (1972), p. 163-164.
Jean-Paul HIERNAUX. *Wallonie* [notice], dans l'*Encyclopédie du Mouvement wallon*, 2e éd. augmentée et mise à jour, 2003 (sur CD-ROM).
Élisée LEGROS. *Sur* Wallon *et* Wallonie. VW 39 (1965), p. 118-126, 185-196, 253-271 ; 40 (1966), p. 50-53 ; 41 (1967), p. 35-40.
Maurice PIRON. *Les premières mentions du mot* Wallonie. VW 30 (1956), p. 209-211 et 281.
Maurice PIRON. *Note sur le sens de* wallon *dans Shakespeare*. BARLLF 42 (1964), p. 177-185.
Maurice PIRON. *Wallons* [notice]. Revue de psychologie des peuples 25 (1970).

7.1.3. *Gentilés régionaux*

Cisette. Âdneûs *ou* Ågneu. Wallonia 18 (1910), p. 224.
Louis MICHEL. « Ardenne », « Ardennais ». DBR 3 (1939), p. 35-42.
C.r. : É. Legros, BTD 14 (1940), p. 374-5.
Jules HERBILLON. Ardenne, Ardennais *(Enquêtes et recherches collectives II/2)*. DBR 8 (1950), p. 47-53.

* * * * *

Pierre RUELLE. *Le borain. Les Borains. Le Borinage.* Le Borain. Bulletin d'information périodique du Cercle Royal Borain de Bruxelles, n° 100, nov. 1991. – Repris dans *Pierre Ruelle et le Borinage*, Charleroi, micRomania, 2004, p. 265-266.

Jean PUISSANT. *Le Borinage est le pays des Borains*, dans *Saint-Ghislain, Borinage, Haut-Pays. Un passé recomposé...* Actes du colloque organisé le 24 octobre 2009 au Foyer culturel de Saint-Ghislain par le Cercle d'histoire et d'archéologie de Saint-Ghislain et de la région à l'occasion de son 50e anniversaire, p. 47-78.

* * * * *

Louis MICHEL et Jean HAUST. *Enquêtes et recherches collectives. Question I :* « Gaume » ; « Gaumais », « Gaumet » ; Hogais », « Hoguet ». DBR 1 (1937), p. 156-157 (L. MICHEL) et p. 157-159 (réponse de J. HAUST).

Louis MICHEL. *Gaume, Gaumais, Gaumet.* DBR 2 (1938), p. 177-196.
C.r. : J. Haust, BTD 13 (1939), p. 20; 14 (1940), p. 375-6.

Louis MICHEL. « Hogais », « Hoguet ». DBR 3 (1939), p. 31-35.
C.r. : É. Legros, BTD 14 (1940), p. 374.

Jean HAUST. *Causerie sur le parler gaumais* [e.a. origine du mot *gaumet* ou *gaumais*]. PG 3 (1942), p. 1-11, 41-50, 95-106.

Élisée LEGROS. *Noms de parlers et noms de terroirs* [Gaumais, *åd'neûs, lîdjeûs*, wallon]. Forces nouvelles, n° du 22 septembre 1945.

Jean HAUST. *À propos de l'origine de* Gaumais *ou* Gaumet. PG 8 (1947), p. 6-8.
C.r. : É. Legros, BTD 23 (1949), p. 185.

Edmond-P. FOUSS. *La vieille querelle des Gaumets et des Gaumais.* PG 8 (1947), p. 9-16.

Louis REMACLE. *Les Gaumets de Habay-la-Neuve.* Annales du XLIVe congrès de la Fédération des Cercles d'archéologie et d'histoire de Belgique (Huy, 18-22 août 1976), 1978, t. II, p. 632-635.

* * * * *

Jean LECHANTEUR. *Hêvurlin* et autres dérivés en *–urlin.* DW 25-26 (1997-98), p. 249-258.

Jules HERBILLON. *Les gentilés des habitants de Huy.* Centre d'étude d'arts, traditions et parlers populaires (Bruxelles. Institut de sociologie U.L.B.) : document de travail n° 3 (1967), p. 1-4.

7.2. *Les blasons populaires*

7.2.1. *Généralités*

Archéophile. *Les sobriquets* [de localités des régions liégeoise et verviétoise]. Cahiers ardennais 1945, n° 6.

Alain COLIGNON. *Le « blason populaire », premier niveau d'une identité collective*, dans *Radicalités, identités, patries. Hommage au Professeur Francis Balace*, Liège, Éd. de l'Université, 2009, p. 51-79.

Albert DOPPAGNE. *Enquête sur le gentilé et le blason populaire des communes wallonnes*. DBR 6 (1947), p. 159-176.
C.r. : É. Legros, BTD 23 (1949), p. 185.

Albert DOPPAGNE. *État présent des recherches sur le blason populaire en Belgique romane*. Proceedings of the 9th International congress of onomastic sciences (London, 1966), Louvain, 1966, p. 175-184 = Centre d'étude d'arts, traditions et parlers populaires (ULB – Institut de sociologie). Document de travail n° 2 (oct. 1966), p. 5-17.

Jean GERMAIN. *Le blason populaire en Wallonie*, dans *Namenforschung = Names studies = Les noms propres*, Berlin, Walter de Gruyter, 1996, vol. 2, p. 1367-9.

Annie GRAINDORGE-BRAHY. *Le blason dialectal en wallon et en gaumais*. Mémoire de licence, ULg, 1962-63, X-139 p.

Alfred HAROU. *Blason populaire de la Belgique*. Revue des Traditions populaires 5 (1887), p. 224-229 (Flandre) et 6 (1887), p. 272-278 (Wallonie).

Jules HERBILLON. *Blasons* [populaires] *des communes*. BVLg 2 (1936-39), n° 32, p. 29-30.

Élisée LEGROS. *Quand le peuple blasonne ses voisins…* Forces nouvelles, n° du 9 mars 1946, p. 5 et n° du 30 mars 1946, p. 5.

7.2.2. *Répertoires nationaux ou régionaux*

Jean-Théodore DE RAADT. *Les sobriquets des communes belges (Blason populaire)*. Bruxelles, C. Baune, 1903, 580 p.

Yannick DELAIRESSE et Michel ELSDORF. *Les sobriquets des communes de Belgique*. Grivegnée, Noir Dessin Production, 2004, 192 p. [Reprise du précédent, avec remaniements et compléments, mais moins fiable]

Jean HAUST. *Enquête dialectale sur la toponymie wallonne*. Liège, Vaillant-Carmanne, 1940-41, XVI-144 p. (Mémoires CTD – Section wallonne,

3). [Mentionne de nombreux blasons populaires dialectaux des communes de Wallonie].

Élisée LEGROS. *Formulettes assemblant des noms de localités.* EMVW 11, n° 125-128 (1967), p. 216-217.

Louis VERNIERS. *Notes folkloriques bruxelloises* [le blason populaire à Bruxelles]. Prométhée 6 (1939), n° 6, p. 15.

Tito ZANARDELLI. *Les sobriquets de Bruxelles et des environs.* Langues et dialectes 1 (1891-93), p. 289-331.

7.2.3. *En province de Liège*

Anonyme. *Vieux noms de chez nous* [b.p. dans la région de Verviers-Spa]. Le Pays de Franchimont (Theux), 10 (1955), n° 4, p. 2.

Joseph BASTIN. *En marge de l'anthroponymie malmédienne* [blasons et gentilés du pays de Stavelot-Malmedy], dans *Mélanges ... Jean Haust*, Liège, 1939, p. 43-53.
C.r. : M. Piron, BTD 14 (1940), p. 371-2.

Joseph BASTIN (éd. par William LEGRAND). *Stavelot-Malmédy (Les dernières pages écrites par l'abbé Bastin)* [blasons et gentilés au pays de Stavelot-Malmedy]. L'Annonce (Stavelot), n° 39, 17 sept. 1939 & n° 40, 24 sept. 1939.

Joseph DEFRÊCHEUX. Nombreuses fiches sur le blason populaire [Mention dans le BDW 2, p. 162].

Émile DETAILLE. *Formulettes d'un genre spécial* [sur les noms de communes]. Les Échos de Comblain 8 (1953), n° 4, p. 29.

Auguste DOUTREPONT. *Hêve et Hêvurlins (Herve et Herviens)* [b.p. de Herve]. Wallonia 16 (1908), p. 149-160.

Élisée LEGROS. *Herve et les Herviens dans les expressions populaires.* EMVW 11, n° 125-128 (1967), p. 240-241.

Georges-É. JACOB. *Blasons, gentilés et sobriquets* [dans les environs de Spa]. Les Bobelins (Spa), 1946, n° 2, p. 59-64 = La Dernière Heure (Bruxelles), 14 février 1947.

Abel LURKIN. *Les bonnes réputations* [blasons populaires dans le Condroz]. La Wallonie (Liège), n° du 16 déc. 1955.

Léon MARQUET. *Blason populaire* [à Spa]. Réalités (mensuel de Spa), n° 46 (juillet-août 1986), p. 8-10.

Victor RASQUIN, Guillaume BONIVER et Élisée LEGROS. *Blasons des communes.* BVLg 2 (1936-39), n° 34, p. 60-61 ; n° 36, p. 94.

Dr THIRY. *Les spots locaux / Sobriquets des communes belges* [région de Herve]. BVLg 1 (1932-35), p. 41-42 et p. 188.

7.2.4. *En province de Luxembourg*

Marcel BOURGUIGNON. *Le blason populaire luxembourgeois (Mélanges de folklore luxembourgeois, 1)*. Cahiers de l'Académie luxembourgeoise 4 (1938), p. 27-104. – Arlon, Fasbender, 1938, 78 p.

Joseph CALOZET. *Vieux souvenirs. Mes œuvres dans leur « milieu »*. DBR 1 (1937), p. 97-98.

Philippe CARROZZA. *Dico des communes* [en province de Luxembourg]. Parution en feuilleton dans *L'Avenir du Luxembourg* durant l'année 2005.

H. CHEVOLET. *Six blasons populaires* [employés à Ville-du-Bois]. GSHA 2 (1975), p. 59-60.

Rodolphe DEDOYARD et Michel FRANCARD. *Dès mèstîs èt dès djins k'è vont. Textes en wallon de Tenneville.* Bastogne, Musée de la Parole, 1978 [Blasons populaires de la région, p. 27].

J.-P. DÉSERT. *Un blason de plus* [désignant les habitants d'Ennal]. GSHA n° 2 (1975), p. 60.

Albert DOPPAGNE. *Le blason populaire dans les Ardennes françaises et belges.* Atti e memorie del VII Congresso intern. di Scienze onomastiche (Firenze-Pisa, 1961), vol. III, 1963, p. 373-381.

H. DUPONT-SOUBRE. *Quelques blasons populaires employés à Grand-Halleux.* GSHA n° 1 (1974), p. 46.

Michel FRANCARD. *Traditions populaires au pays de Bastogne*, dans *Bastogne au gré de sa mémoire*, Bastogne, 1982, p. 135-232 [Blasons populaires de l'entité de Bastogne, p. 169-172].

Gaston GÉRARD. *À propos de blasons populaires* [dans la région de Vielsalm]. GSHA n° 14 (1981), p. 95.

Laurence GROMMERSCH. *Toponymie du pays de Houffalize et éléments de son patrimoine folklorique oral* … Mémoire de licence UCL, 1998, 140-XI p. [relevé systématique des gentilés dialectaux et des blasons populaires].

Constant HABAY. *Les blasons populaires employés à Bihain.* GSHA n° 1 (1974), p. 44-46. – Tiré de son mémoire de licence à Liège.

Jean HAUST. *Notes sur le blason populaire luxembourgeois* [et les gentilés dialectaux]. BTD 13 (1939), p. 199-207 [en complément à l'article de M. Bourguignon].
C.r. : L. Remacle, BTD 14 (1940), p. 371-2.

J. LEJEUNE. *Noms wallons, gentilés, blasons populaires et sobriquets des communes de Marche.* Cercle historique de Marche-en-Famenne n° 32 (1982), p. 161-165.

Philippe LEJEUNE. *Brèves notes sur les blasons populaires de la région* [de Vielsalm]. *Introduction.* GSHA n° 1 (1974), p. 43-44.

Philippe LEJEUNE. *Rimailles irrévérencieuses* [à propos de noms de communes]. GSHA n° 12 (1980), p. 91-92.

Léon MARQUET. *Le blason populaire à La Roche-en-Ardenne et dans les environs.* Ardenne et Famenne 9 (1966), n° 35, p. 130-139.

Gaston PETIT. *Les sobriquets collectifs de Haute-Lesse.* DMA 3 (1986), p. 63-76.

Jean-Marie PIERRET. *Quelques aspects du folklore chestrolais.* VW 41 (1967), n° 319, p. 165-187 [concerne notamment les b.p. dans la région de Neufchâteau, p. 181-4].

Lucien ROGER. *À propos de gentilés et de sobriquets locaux* [en province de Luxembourg]. BIAL 6 (1930), n° 2, p. 25-27.

Gérard SERVAIS. *Les moquâs d' fous* (b.p. des habitants de Sainte-Marie-sur-Semois]. Les Carnets de Nochet n° 5, avril 2007, p. 26-27.

Edw. SIMONET. *Le pays gaumet. Le village et ses habitants.* TW 8 (1923), p. 257-261 (blasons populaires et gentilés).

P. STIÉVENART. *Famenne* [le blason populaire en Famenne]. Parcs nationaux 9 (1954), p. 39-44.

[Val du Glain]. *À propos des* cawês [b.p. employé à Bihain]. GSHA n° 2 (1975), p. 59. – *À propos de blasons populaires* [Jevigné-Lierneux]. GSHA n° 8 (1978), p. 92.

Laetitia WERNER. *Les noms de lieux habités de l'entité de Durbuy...* Mémoire de licence UCL, 1999, 143-XIX p. [Relevé systématique des gentilés dialectaux et des blasons populaires].

7.2.5. *En province de Namur*

P. BLONDEAU. *Nismes. Sobriquets et vieilles histoires.* Parcs nationaux 18 (1963), n° 2, p. 59-67 [blasons populaires de Nismes et des environs].

Bernadette COUVREUR. *Gentilés, blasons populaires et toponymes dans les stéréotypes de langage des parlers des cantons de Dinant et de Beauraing.* Mémoire de licence, UCL, 1981, XXI-121 p.

Fernand DANHAIVE. *Sobriquets des communes namuroises.* GW 1924-25, p. 131-135 = *Le folklore au pays de Namur ...*, Namur, 1930, p. 3-7.

Albert DOPPAGNE. *Le blason populaire en Famenne*, dans *L'habitation traditionnelle à l'heure de l'aménagement du territoire*, Bruxelles, 1966 (Contributions au renouveau du folklore en Wallonie, 4), p. 195-206, cartes.

Jean Fivet. *Sacants sauvadjes noms èt r'vazîs do Payis d'Nameur.* Namur, Cercle Pays de Namur, 1976, 72 p. [Publié précédemment en 1975 dans la revue Pays de Namur].

Jacques François. *Blasons populaires de l'entité de Florennes.* Florinas 36 (1998), n° 3-4, p. 67-70.

Lucien Léonard. *Lexique namurois ...*, Liège, SLLW, 1969, p. 576-578 (blasons populaires et gentilés dialectaux).

André Lépine. *Flâneries cerfontainoises ... et autres.* Cerfontaine, chez l'auteur, [1979], 80 p. [concerne e.a. les surnoms des communes].

André Lépine. *Surnoms des habitants de l'entité de Philippeville.* Cerfontaine (Cahier d'Entre-Sambre-et-Meuse, n° 12), 1995, p. 9-11.

André Spineux. *Vieux « spots » d'Ermeton-sur-Biert, évocateurs de l'histoire* [expressions et rimailles à propos de localités voisines]. GW n° 219 (1957), p. 28-29.

P. Stiévenart. *Famenne* [blasons populaires]. Parcs nationaux 9 (1954), p. 39-44.

7.2.6. *En province de Hainaut*

Anonyme. *Sobriquets des communes du Borinage.* Le Farceur, 44e année (1938), 26 juin 1 - 8 janv. ; 45e année (1939), 1er janv. – 26 février.

Arille Carlier. *Dictons de clochers* [blasons populaires sous forme de phrases se moquant de la prononciation à Courcelles, Senzeille, Boussu-lez-Walcourt, Gilly et le faubourg de Charleroi]. BCh, n° de sept.-oct. 1953.

C. Clocherieux. *L'arrondissement de Thuin avant les fusions* [concerne notamment les surnoms wallons des habitants]. Clermont, chez l'auteur, [1983], 9 p.

Paul François. *À propos des blasons populaires locaux de la région [d'Onnezies]. Essai de généralisation.* Quand on parle des «Leûs» ..., de mars 1987 à octobre 1988.

E. Hamotte. *Motrie des comunes du Cente èt co d'alieû.* MA 53 (1965), p. 189.

Valère Magritte. *Contes et légendes en Hainaut : quelques commentaires à propos de l'ouvrage de J. Th. De Raadt, « Les sobriquets des communes belges »* [concerne les b.p. dans l'entité de Pont-à-Celles]. Cella, 2005, n° 101, p. 15-16 ; n° 102, p. 23-24.

Dominique Mauclet. *État de la question de la toponymie du canton de Beaumont.* Mémoire de licence UCL, 1977, 220 p. [Relevé systématique des gentilés et des blasons populaires].

Herman Pector. *Sobriquets* [b.p. dans l'Entre-Sambre-et-Meuse et la région de Charleroi]. GW 1 (1924-25), n° 20, p. 265-266.

Edmond Yernaux et Fernand Fiévet. *Folklore wallon* [de Montignies-sur-Sambre], Charleroi, 1956, p. 194-196 [b.p. dans la région de Charleroi].

7.2.7. *En province de Brabant wallon*

Paul Collet. *Quelques sobriquets et brocards du Roman Pays de Brabant.* FB 3 (1923), n° 16, p. 106-108.

Élisée Legros. *Blason populaire au pays de Jodoigne et de Wavre.* VW 27 (1953), n° 261, p. 36-41.

7.2.8. *Études de blasons populaires particuliers*

Jules Herbillon. *Ancien wallon* hackino *et* haclo. DBR 8 (1950-1951), p. 197-200.
C.r.: É. Legros, BTD 27 (1953), p. 146-7.

Pierre Gorissen. Hakelot *et* aclot, *blason populaire des Nivellois* [résumé d'une communication]. RbPhH 32 (1954), p. 304-5.

Pierre Gorissen. *Les Aclots et Jean de Nivelles. Étude étymologique et folklorique.* ASAFNi 17/2 (1957), p. 178-197.
C.r.: É. Legros, BTD 32 (1958), p. 277-9.

Jules Herbillon. Aclot, *blason populaire des Nivellois.* VW 32 (1958), n° 287, p. 197-199.

Francis Collet. *Petit panorama sur les étymons du sobriquet* « Aclot ». Rif tout dju n° 440 (2003), p. 17-18.

* * * * *

Oscar Colson. *Les Copères à Dinant.* Wallonia 1 (1893), p. 97-98 – *Un mot sur les Copères.* Id. 6 (1898), p. 117-118.

Oscar Colson. *Sur l'origine du mot* « Copère ». Wallonia 3 (1895), p. 10 ; 11 (1903), p. 306.

Joseph Hens. *Les Coupères et les Capères, béotiens ardennais.* Wallonia 12 (1904), p. 54.

Jean Haust. « Copère », *blason populaire en Wallonie.* DBR 3 (1939), p. 27-30.
C.r. : É. Legros, BTD 14 (1940), p. 373-4.

Édouard et Gabrielle Gérard. *De l'origine du mot* « Copère », dans *Analectes pour servir à l'histoire de la ville de Dinant. Inventaire Remacle*, Dinant, Bourdeaux-Capelle, 1944, p. 298-317.

* * * * *

Élisée LEGROS. *Tête de houille, Aclot, Copère*. Forces nouvelles, n° du 16 février 1946.

Élisée LEGROS. Tièsse di hoye « *tête de houille* » [b.p. des Liégeois]. EMVW 11, n° 125-129 (1967), p. 192-199.

Jean LECHANTEUR. *Tête de houille (de gaillette, de roche, de bourre ...)* [blasons populaires de Liège et d'ailleurs]. EMVW 14, n° 161-164 (1976-77), p. 226-229.

Maurice PIRON. *De la préhistoire de « Wallonie » à la survivance d' « Éburon »*. VW 54 (1980), p. 105-119.

Jules HERBILLON. *Les Éburons-Liégeois*. VW 55 (1981), p. 69-71.

Jules HERBILLON. Lîdjwès d'hâye. BVLg 10, n° 212 (1981), p. 32.

* * * * *

[Par ordre alphabétique des autres blasons populaires]

Élisée LEGROS. *Les prétendus béotiens de Stembert*. VW 37 (1963), p. 244-253.

Léon MARQUET. *D'où vient le mot* Bobelin. HASp n° 45 (1985), p. 31-39.

Maurice PIRON. *Bobelin et sa famille* [w. *boublin*, surnom des curistes de Spa]. FM 30 (1962), p. 1-12.

Jean GERMAIN. Campenaire/ Campinaire, *blason populaire, nom de famille, toponyme et lexème*. BTD 75 (2003), p. 85-112.

Jean GERMAIN. *À propos de l'étymologie de quelques noms wallons de poissons (compléments à l'ALW* 8), dans DW 29-30, 2001-2002, p. 117-138 [b.p. *tchacâ, tchacau, tchacâr*].

J. BOULANGER. *Les « Gaudins » de Limerlé*. Ardenne et Famenne 2 (1959), n° 1, p. 40.

Claude DEPAUW et Michel DEVOS. *Hurlus par ci, Hurlus par là ... Qui étaient vraiment les Hurlus ?* Le Fil du temps. Société d'histoire de Mouscron et de la région, n° 9 (déc. 2005), p. 93-148.

Louis LAROSSE. *Les limaçons namurois*. GW 58 (1982), n° 3, p. 104-105.

Jean GERMAIN. *À propos de* lotcheu, *blason populaire des habitants de Jamioulx [Th 24]*, dans *Langues et cultures. Mélanges offerts à Willy Bal*, vol. I/2 (= CILL 9.1-2), 1984, p. 13-26.

Robert HANON DE LOUVET. « Macas », *sobriquet des Wavriens et Thudiniens*. Wavriensia 2 (1953), p. 72-79.

Louis MICHEL (avec additions d'Él. LEGROS). « Macu », *blason populaire de la basse Semois*. DBR 12 (1955), p. 171-173.

J. MEUNIER. *Les Raûbolets de Wegnez*. VW 20 (1939), p. 64-65.

Armand LOUANT. *Le « Ropïeur » montois*. DBR 2 (1938), p. 169-176.

G. REM. *En Turquie … wallonne* [les « Turcs » de Faymonville]. La Wallonie (Liège), n° du 30 août 1949.

7.2.9. *Autres surnoms ethniques*

Albert DOPPAGNE. *Les surnoms des Allemands pendant et après l'occupation. 1. En Belgique.* FM 16 (1948), p. 281-283.

Albert DOPPAGNE. *Les appellations des Français et des Belges de part et d'autre de leur frontière commune.* Onoma 21 (1977), p. 218-261 (= Congrès ICOS de Berne en 1975).

Yves QUAIRIAUX et Jean PIROTTE. *L'image du Flamand dans la tradition populaire wallonne depuis un siècle.* Res Publica 20 (1978), n° 3, p. 391-405.

Jules VANNÉRUS. *Les termes employés autrefois dans nos régions pour distinguer Flamands et Allemands des Wallons et des Romans.* BTD 23 (1949), p. 14-15.

* * * * *

Jacques POHL. *Les noms de guerre des soldats de Louis XV d'après un registre athois.* ACAA 30 (1944-45), p. 83-94.

Maurice PIRON. *Surnoms d'origine militaire dans l'anthroponymie du Québec* [résumé d'une communication]. BTD 47 (1973), p. 5-6.

7.2.10. *Blasons sportifs*

Arille CARLIER. *Sobriquets et football* [dans la région de Charleroi]. Èl Bourdon 6 (1954), p. 209. – Complété par Roger PINON, Nouvelle revue wallonne 7, p. 69.

Herman FRENAY-CID. *Sobriquets et surnoms des footballeurs.* Le Soir (Bruxelles), 6 mars 1947.

Joseph VONÊCHE. *Les dénominations des clubs de football en Belgique.* Mémoire de licence en éducation physique, UCL, 1960, 140 p.

8. Disciplines connexes

8.1. *Hagiographie populaire*

Robert BOXUS. *Les noms de saints dans le diagnostic populaire wallon.* MA, n^os de janvier à sept. 1952.

Alain COLIGNON. *Dictionnaire des saints et des cultes populaires de Wallonie.* Liège, Musée de la Vie wallonne, 2003, 621 p.

Thomas DELFORGE (dom). *Les saints populaires de Wallonie*. Gembloux, Duculot, 1977, 64 p. (Coll. Wallonie, art et histoire, n° 38).

Rodolphe DE WARSAGE. *Essai d'une hagiographie populaire wallonne*. FB 14 (1934-35), p. 291-307.

Rodolphe DE WARSAGE. *Hagiographie populaire wallonne*. BVLg 3 (1949-50), n° 62, p. 10-14 ; n° 63, p. 30-31 ; n° 64, p. 40-42; n° 65, p. 32-37.

Omer ENGLEBERT. *La fleur des saints : 1910 prénoms et leur histoire suivant l'ordre du calendrier*. Paris, Albin Michel, 1984.

* * * * *

[Par ordre alphabétique des noms de saints populaires]

Roger PINON *Saint Braillard, un sobriquet de plusieurs saints en Wallonie et en Picardie*. VW 62 (1988), p. 68-83.

Élisée LEGROS. *Pour sainte Juette* [w. *djouwète*]. ACHSBA 24 (1951), p. 13-21.
C.r.: É. Legros, BTD 26 (1952), p. 403.

Jules HERBILLON. *Le nom de saint Lupicin*. GW 48/4 (1972), p. 32-33. – Repris dans *Notes de toponymie namuroise*, n° 25., Liège, SLLW, 2006, p. 38-39.

Rodolphe DE WARSAGE. *Qui est saint Mâcraw ?* BVLg 2 (1936-39), p. 181-3.

Iwan BEAUPAIN et Jules HERBILLON. *Le nom de saint Mâcrawe*. DBR 7, n° 2-3 (1949), p. 113-118.
C.r.: É. Legros, BTD 25 (1951), p. 229-230.

Roger PINON. *Contribution à un examen critique de la Saint-Mâcrawe à Liège*. BVLg 9, n° 210-211 (1980), p. 597-624.

H. NÉLIS. *Saint Mathias, saint Mathieu dans la chronologie belge au moyen âge*. RbPhH 17 (1938), p. 147-156.
C.r. : J. Haust, BTD 13 (1939), p. 245.

Rodolphe DE WARSAGE. *Un curieux problème d'hagiographie populaire : saint Oremus* [à Herstal]. BVLg 2 (1936-39), p. 93-94.
C.r. : J. Haust, BTD 11 (1937), p. 187.

Eugène POLAIN. *Saint Oremus* [à Herstal]. BVLg 2 (1936-39), p. 129-133.

Jules HERBILLON. *Le nom de saint Syr à Nivelles*. DBR 16 (1959), p. 45-51.

Jules FELLER. *Le nom de saint Walhère*. Wallonia 20 (1912), p. 327-8.

François BAIX. *Le nom de saint Walhère* [vénéré à Onhaye]. ASAN 32 (1913), p. 263-281.

8.2. *Zoonymie : les noms d'animaux*

Anonyme. *Enquête sur les noms d'animaux* [en Belgique]. Vie et langage (Paris), 39 (1955), p. 278.

Marie-Thérèse COUNET. *Noms propres de vaches à Perwez [Ni 98] (XIXe siècle)*. DW 29-30 (2001-2002) = *Mélanges en hommage à Jean Lechanteur*, p. 231-278.

Jean-Jacques GAZIAUX. *L'élevage de bovidés à Jauchelette ...*, Louvain-la-Neuve, 1982, p. 96-98.

Danièle PAIRET. *Contribution à l'étude des « prénoms » des animaux en Belgique : le chien, le chat et le cheval dans les régions de Bruxelles et de Wavre*. Mémoire de licence, ULB, 1973.

S. RANDAXHE. *Les noms propres de vaches au pays de Herve*. BDW 3 (1908), p. 80-83 = EMVW 3 (12935), p. 314-316.

Louis REMACLE. *°Sierlet, °Cerslet, -ette, noms de bovidés (Notes étymologiques)*. DW p. 77-678.

Annie STAS. *Noms propres de vaches au Pays de Herve (17e-18e siècles)*. DW 15 (1987), p. 76-92.

Tito ZANARDELLI. *Les noms propres d'animaux dans un coin du Brabant wallon*. Langues et dialectes 1 (1891-93), p. 101-119.

8.3. *Autres objets dénommés par similitude avec des anthroponymes*

Charles BURY. *Li lêd Wâtî*. BVLg 3, n° 83 (1949), p. 390. – Jules HERBILLON. *Li lêd Wâtî*. Ibid., n° 84 (1949), p. 409.

Arille CARLIER. *Cloches dans la tradition populaire*. Wallonia 28 (1910), p. 271-272.

Jean HAUST. *Deux personnifications du vent dans les parlers romans de la Belgique*. VW 11 (1930), p. 103-105.

Jules HERBILLON. *Ardjéyant - Argayon* [noms wallons de géants]. BVLg 1, n° 23 (1935), p. 363.

Jules HERBILLON. *Cloches de Wallonie*. III. *Noms de cloches*. VW 35 (1961), p. 209-217 (prov. de Liège), 277-287 (prov. de Liège; prov. de Namur); 36 (1962), p. 118-129 (prov. de Hainaut), 201-207 (Le *Wigneron* de Tournai), 286-290 (*Marie-Pontoise*); 37 (1963), p. 132-146 (Tournai, Binche; *Marie-Pontoise*), 315-320 (Tournai); 38 (1964), p. 104-110 (Thuin et Soignies); 39 (1965), p. 50-55 (Ath et Braine-le-Comte), 126-131 (Enghien et Lessines), 271-279 (prov. de Hainaut: fin); 40 (1966), p. 146-150 (Nivelles), 198-201 (prov. de Brabant: fin); 41 (1967), p. 16-23 (prov. de Luxembourg).

Jules HERBILLON. *Le pays des Kazans.* MA 54 (1966), p. 183-184 ; 65 (1977), p. 173.

E. JORISSENNE. *Jeux d'enfants. Rimes des doigts* [prénoms conservés dans les enfantines]. Bulletin de folklore 1 (1892), p. 243-249.

Jean LECHANTEUR. Li vî Hinri, *surnom liégeois de Dieu.* DW 7 (1979), p. 138-139.

Jean LECHANTEUR. *Noms propres du diable dans des procès de sorcellerie de Wallonie*, dans *Le diable dans le folklore de Wallonie,* Bruxelles, Ministère de la Communauté française, 1980, p. 35-51.

Jean LECHANTEUR. « diable » *et ses substituts en B[elgique] R[omane]*, dans *Mélanges de philologie wallonne.* DW 8-9 (1981), p. 127-160 [concerne l'anthroponymie, p. 152-159].

Élisée LEGROS. *Le liégeois* "li laid Wåtî" *et ses congénères* [Tatiche à Namur et Fleurus]. BVLg 6 (1963-64), p. 254-259 et p. 402.

Roger PINON. *Que signifie le surnom du dragon de Mons ? Note philologique sur le Doudou.* DW 13 (1985), p. 65-82.

8.4. *Du nom propre au nom commun : les déonomastiques anthroponymiques*

8.4.1. *Généralités*

Émile BOISACQ. *Les noms de personnes appliqués en grec, en latin et dans les langues modernes à des animaux.* RbPhH 6 (1927), p. 482-483.

Émile BOISACQ. *Mélanges de linguistique* [e.a. Noms de personne appliqués à des animaux et inversement]. Revue de l'Université de Bruxelles, 32 (1926-27), p. 525-543.

Oscar COLSON. *Les prénoms dépréciés.* Wallonia 16 (1908), p. 134-140, 165-166.

Albert COUNSON. *Noms épiques entrés dans le vocabulaire commun*, dans *Mélanges Chabaneau*, Erlangen, 1907, p. 401-413.

Georges DOUTREPONT. *Les prénoms français à sens péjoratif.* Bruxelles, Lamertin (Académie royale de Belgique. Mémoires, 2e série, 27/1), 1929, 128 p. – Compléments wallons par Jean HAUST. BTD 4 (1930), p. 300-1.

Maurice GILLET. *Le jean-foutre et la marie-salope. Les prénoms dénigrés, dévoyés ou encanaillés du Moyen-Âge à nos jours.* Namur, chez l'auteur, 2013, 496 p. – *Supplément 2016.* Namur, 2015, 92 p. [concerne le France et la Belgique]. – *Supplément 2017.* Fichier pdf.

Madeleine GRAITSON. *Noms propres et lexique.* Marche romane 22 (1972), p. 181-197.

C.r. : J. Chaurand, RIO 28 (1976), p. 131-2.

Françoise Lempereur. *Du prénom au nom commun. Étude de l'extension sémantique des prénoms dans les dialectes belgo-romans*. Mémoire de licence ULg, 1971.

Axel Peterson. *Le passage populaire des noms de personne à l'état de noms communs dans les langues romanes et particulièrement en français. Étude sémantique*. Uppsala, Appelbergs Boktr., 1929, IV-224 p. [plusieurs exemples en milieu wallon].

8.4.2. *Cas particuliers, types populaires, etc.*

Élisée Legros. *À propos de Marcatchou*. BVLg 5 (1956-60), p. 255 et 6 (1961-64), p. 402.

Élisée Legros. *D'un diminutif wallon du nom de* Jésus [« jesuau »]. VW 33 (1959), p. 119-122.

Élisée Legros. « Pacolet » *dans le folklore wallon*. EMVW 10 (1963), p. 64-74.

Élisée Legros. *Cacafougna*. EMVW 11 (1966), p. 109-110.

Élisée Legros. *Comment les Fugger sont devenus en wallon des sans-souci*. VW 43 (1969), p. 277-281 ; 44 (1970), p. 57.

Roger Pinon. *Pinaguèt*. VW 49 (1975), n° 350, p. 82-84 ; 50 (1976), n° 353-4, p. 89-91 ; 64 (1990), n° 408-412, p. 196-7.

Maurice Piron. *Les types populaires wallons*. EMVW 5 (1948), p. 81-89.

Maurice Piron. *Histoire d'un type populaire.* Tchantchès *et son évolution dans la tradition liégeoise*. Académie royale de Belgique. Mémoires de la Classe des Lettres, t. 45, fasc. 4 (1950), 117 p.

Maurice Piron. *Caractérisation affective et création lexicale. Le cas du wallon* ramponô [du NP Jean Ramponneaux]. Romanica Gandensia 1 (1953), p. 120-170.

8.5. Onomastique littéraire
[discipline peu développée en tant que telle en Belgique]

Claire Siméon. *De Trignolles à T. Déome : l'onomastique littéraire dans l'œuvre d'Arthur Masson*. Mémoire de licence, 2004, 258 p.

Index des noms d'auteurs

Index des noms de régions et de communes ayant fait l'objet d'études anthroponymiques

Index des noms de personnes figurant dans le titre des ouvrages et articles

Table des matières